# COMO CURAR A ARTRITE
e viver sem medicamentos

Margaret Hills

# COMO CURAR A ARTRITE
# e viver sem medicamentos

*Tradução*
MIRTES FRANGE DE OLIVEIRA PINHEIRO

EDITORA CULTRIX
São Paulo

Título original: *Curing Arthritis: More Ways to a Drug-Life*.

Copyright © 1991 Margaret Hills.

Todos os direitos reservados. Nenhuma parte deste livro pode ser reproduzida ou usada de qualquer forma ou por qualquer meio, eletrônico ou mecânico, inclusive fotocópias, gravações ou sistema de armazenamento em banco de dados, sem permissão por escrito, exceto nos casos de trechos curtos citados em resenhas críticas ou artigos de revistas.

Ilustração da capa de John Erasmus.

O primeiro número à esquerda indica a edição, ou reedição, desta obra. A primeira dezena à direita indica o ano em que esta edição, ou reedição foi publicada.

| Edição | Ano |
|---|---|
| 2-3-4-5-6-7-8-9-10-11-12-13 | 08-09-10-11-12-13-14-15 |

Direitos de tradução para o Brasil
adquiridos com exclusividade pela
EDITORA PENSAMENTO-CULTRIX LTDA.
Rua Dr. Mário Vicente, 368 – 04270-000 – São Paulo, SP
Fone: 2066-9000 – Fax: 2066-9008
E-mail: pensamento@cultrix.com.br
http://www.pensamento-cultrix.com.br
que se reserva a propriedade literária desta tradução

*Para meus filhos e netos*

# Sumário

Prefácio ..... 9

Introdução ..... 11

1. Artrite em Crianças ..... 13

2. Artrite em Adultos ..... 25

3. Uma Seleção de Relatos de Casos ..... 37

4. O Fator Stress ..... 71

5. Perguntas que as Pessoas Sempre Fazem ..... 79

# Prefácio

Decidi publicar as experiências que vivenciei na minha clínica, em Coventry, porque acho que posso aproveitar esta oportunidade para expressar a minha opinião sobre a enfermidade e a doença e sua relação com a cura natural e, certamente, com a cura divina. Acredito que toda cura é obra de Deus — o Grande Curador. Essa filosofia me acompanhou por toda a vida e, sem dúvida alguma, foi incutida por minha mãe, católica fervorosa, que sempre dizia: "Deus é bom", algo que nunca esquecerei. A cada crise ela repetia essas palavras — e houve muitas crises. Eu era a primogênita de oito filhos. Foram tempos difíceis. Meu pai não era um homem rico, mas com a ajuda de Deus eles superaram muitas dificuldades e criaram uma família da qual vieram a se orgulhar. Eu também tenho oito filhos, cinco meninos e três meninas, e espero conseguir transmitir a eles o maravilhoso exemplo que meus pais deram à nossa família. Eles nos ensinaram a ter fé e esperança e a amar uns aos outros, à humanidade e, acima de tudo, a Deus. Só posso falar em meu nome, mas tenho de reconhecer que o exemplo dos meus pais exerceu profunda influência na minha vida, e nas minhas consultas diárias eu nunca deixo de pedir ao Senhor para me ajudar a curar as pessoas que me procuram. Eu sei que sem a ajuda d'Ele não haveria cura.

Meu primeiro livro, *Curing Arthritis — The Drug-Free Way* ajudou muitas pessoas em vários países, e tenho grande convicção de que este vai levar esperança e estímulo aos portadores de artrite em todo o mundo.

*Margaret Hills*

# Introdução

*D*epois de trabalhar vários anos com portadores de artrite na minha clínica, em Coventry, tenho certeza de que as informações contidas neste livro estão maduras para serem publicadas. Espero que sejam proveitosas para centenas de pacientes que já tratei e para os pacientes atuais (cerca de 1500, pelos últimos cálculos), e sobretudo para os que gostariam de fazer o nosso tratamento mas que, como têm parentes ou amigos que são contrários ao tratamento "natural", não nos procuram.

Felizmente, muitos clínicos gerais estão hoje mais receptivos às terapias naturais. Alguns até mesmo entraram em contato com a minha clínica para se tratar — e nos escreveram para dizer que estão indo bem.

Reumatologistas de vários hospitais estão observando uma grande melhora na saúde de seus pacientes. Pessoas que passaram anos tomando medicamentos para artrite e ainda assim constataram que sua saúde piorava a olhos vistos livraram-se completamente da doença e receberam alta.

Eu me pergunto por que os médicos não prestam mais atenção na cura proporcionada pelo tratamento natural. Talvez porque muitos pacientes tenham medo de revelar que freqüentam a minha clínica. Eu sempre digo que eles deveriam contar, pois os médicos ficam muito surpresos ao ver um paciente que piorava ano após ano de repente dar uma guinada de 180 graus e apresentar melhoras. Os médicos sabem que os remédios para artrite não fazem esse efeito. A cada dia recebo mais e mais relatos dos meus pacientes de como os médicos se surpreenderam com seu progresso. Não consigo deixar de imaginar por que esses profissionais não me procuram para saber o que leva meus pacientes a obter uma melhora tão grande a ponto de poder parar de tomar os medicamentos e levar uma vida normal. Espero que este livro seja lido por profissionais da área da saúde, para que eles fiquem a par dos meus métodos e dos bons resultados alcançados.

O livro está organizado em cinco capítulos. Os capítulos 1 e 2 descrevem como a artrite geralmente se manifesta e como ela pode ser tratada em crianças e adultos.

O capítulo 3 apresenta doze relatos de casos que ilustram como os pacientes foram tratados, pessoalmente ou por correspondência, pela clínica Margaret Hills. Os relatos de casos são uma leitura fantástica para qualquer um que esteja iniciando o nosso tratamento, pois mostram invariavelmente resultados positivos.

O capítulo 4 discute o fator stress, a forma como ele afeta o organismo e contribui para a artrite e como pode ser aliviado.

O capítulo 5 consiste em uma lista muito útil e informativa de perguntas e respostas. Qualquer pessoa que queira começar o tratamento deveria ser aconselhada a ler atentamente esse capítulo.

# Artrite em Crianças

**1**

*N*o dia-a-dia da minha clínica, entro em contato com pacientes de todas as idades para os quais cada movimento é transformado numa imensa agonia pela artrite reumatóide ou pela osteoartrite. A incidência dessas doenças está aumentando tanto entre os jovens quanto entre os adultos, e, como afirmei em meu último livro, *Curing Arthritis — The Drug-Free Way*, podemos colocar a culpa nos alimentos e bebidas que ingerimos.

## Sintomas

A artrite reumatóide pode manifestar-se em jovens ou velhos, afetando o revestimento dos ossos das articulações e causando rigidez crescente. A doença afeta várias articulações simultânea ou sucessivamente. As crianças que sofrem de artrite reumatóide não conseguem apresentar bom rendimento nas atividades escolares nem nas esportivas. Sua vida social é prejudicada, elas não podem brincar com os amigos, a vida torna-se aborrecida, maçante e dolorosa. Sem saber o que fazer para remediar a situação, os pais consultam o médico. Os exames de sangue e as radiografias confirmam o diagnóstico de artrite reumatóide. A criança é internada no hospital, onde recebe trações e medicamentos para artrite — como, por exemplo, Brufen, Indocid ou Feldene; há um grande número deles. Os medicamentos fazem efeito, e o paciente recebe alta e vai para casa sentindo-se melhor. Mas, infelizmente, a melhora em geral dura pouco. Os efeitos do remédio passam, e a dor e a rigidez voltam com força total. Os medicamentos e a dor esgotam as reservas de ferro do organismo, e o paciente fica anêmico. Consultado novamente, o médico aumenta a dosagem do medicamento ou prescreve outro mais forte, e a história se repete. O paciente se sente melhor por algum tempo, e depois começa a sua saga outra vez. Como é triste para os pais ver o filho chorar de dor noite e dia. Ninguém consegue dormir, e a tensão e a frustração provocadas por essa situação podem desencadear grandes problemas na família. Muitas vezes a criança engorda tanto por causa dos medicamentos ou da inatividade imposta pela dor que é preciso o pai e a mãe para levantá-la da cama e levá-la ao banheiro. A artrite reumatóide numa criança é uma doença gravíssima, pois freqüentemente produz endocardite (inflamação da membrana que reveste as válvulas cardíacas), que muitas vezes causa danos permanentes ao coração. Uma das teorias sobre a origem da febre reumática é que ela se deve principalmente a uma infecção pela bactéria *Streptococcus*. Para que o *Streptococcus* produza a doença, é preciso também que haja fatores causais secundários. Amígdalas e adenóides hipertrofiadas representam importantes fatores predisponentes — pois constituem uma via pela qual a infecção pode invadir o organismo. Frio, umidade, mudanças de temperatura e cansaço também podem agir como fatores predisponentes. Dor de garganta, dores articulares e leve indisposição podem representar os primeiros sintomas, mas de modo geral o início é abrupto, e em 24 horas a doença está completamente instalada. A criança apresenta inchaço e dor nas articulações, rubor facial, sudorese abundante, dor de garganta, temperatura elevada e insônia causada pela dor. Os sintomas comuns de febre também se manifestam: perda do apetite, sede, prisão de ventre e urina com coloração forte.

Em geral, as grandes articulações são afetadas. Os joelhos, os punhos, os cotovelos e os ombros ficam vermelhos, quentes, sensíveis e extremamente doloridos durante o movimento. A inflamação migra de articulação para articulação dia após dia — quando uma se recupera, a outra é afetada. Nos casos sem complicações, os sintomas agudos desaparecem dentro de mais ou menos dez dias, mas as recidivas são muito comuns.

O comprometimento do coração é mais uma parte da doença do que uma complicação. A endocardite representa a característica mais grave da febre reumática aguda, sendo observada em 50% dos casos, e as crianças raramente escapam. A probabilidade de ocorrer endocardite aumenta de acordo com o número de crises de febre reumática. A miocardite (inflamação do músculo cardíaco) e a pericardite (inflamação da membrana que reveste o coração) são graves e podem levar à dilatação aguda do coração.

Complicações cutâneas são bastante freqüentes, manchas de sangue sobre a pele podem ser observadas logo após a instalação da doença, sobretudo nas crianças. No período de convalescença, são necessários tônicos para combater a anemia e a debilidade resultantes. Os pacientes acometidos de febre reumática posteriormente devem tomar um cuidado extremo para evitar a umidade, o frio e o sereno. De todas as doenças que privam as crianças das brincadeiras infantis, a artrite reumatóide é uma das piores.

Transtornos digestivos são freqüentes em crianças com artrite reumatóide, e muitas sofrem de diarréia, colite mucosa e acidose (presença de ácidos anormais na urina). Como é amplamente sabido que a artrite se deve ao excesso de ácido úrico no organismo, presume-se que uma crise de vômito ou diarréia poderia prenunciar uma crise de artrite.

## Alimentação

Para reduzir a probabilidade de crise biliar, a alimentação da criança deve ser balanceada e não conter excesso de amido. Alterações repentinas na alimentação, ou até mesmo um susto, podem desencadear uma crise de acidose em algumas crianças. É essencial também que a alimentação não seja deficiente em vitaminas. Estudos realizados em animais demonstraram que a falta ou deficiência de vitaminas A ou B produz graves alterações, como atrofia, ulceração ou colite no revestimento da mucosa intestinal. Como conseqüência, os animais definham, ficam anêmicos e apresentam queda de temperatura. Esses sintomas são bastante semelhantes aos encontrados em crianças com artrite reumatóide. Elas também sofrem freqüentemente de anemia, diarréia ou colite e apresentam temperatura abaixo do normal. Constatou-se também que, se os animais são privados de vitaminas A e B, o coração é gravemente afetado. Não se conhecem ao certo as causas da cardiopatia reumática, e a deficiência de vitamina pode ser uma das responsáveis.

É igualmente importante que a alimentação das crianças seja rica em sais minerais. Cumpre lembrar que crianças em fase de crescimento precisam de cálcio, principalmente as que têm tendência para artrite reumatóide, pois esse elemento ajuda a diminuir a irritabilidade nervosa. Os metabolismos do cálcio e do iodo estão estreitamente relacionados. Pesquisadores descobriram que uma quantidade bem pequena de iodo acrescentada à alimentação dos animais aumenta sobremaneira sua capacidade de absorver e reter o cálcio, o fósforo e o nitrogênio. Isso mostra o quanto é importante que a dieta das crianças contenha alimentos ricos em iodo e cálcio.

Há muitos anos eu acredito que a artrite é uma doença causada por uma deficiência nutricional. Quando um paciente vem à minha clínica em busca de ajuda, imediatamente descubro quais os nutrientes que estão faltando no seu organismo e procuro suprir essa deficiência da melhor maneira possível. Além disso, prescrevo uma alimentação isenta de ácido e um tratamento de remoção de ácido. Acredito que a acidose no organismo dos meus pacientes é conseqüência de deficiência de vitaminas e minerais. Os resultados que venho obtendo por meio de terapia nutricional confirmam as minhas convicções — a maioria dos meus pacientes se recupera.

Certamente é muito melhor evitar do que curar essa doença, mas antes de discutir os métodos de prevenção é preciso frisar que, quando a criança apresenta sintomas de reumatismo, como dores crescentes, nossa tendência é achar que se trata de uma doença repentina — afinal, ontem ela não tinha reumatismo. Entretanto, não é esse o caso. O reumatismo é o resultado final, e não o começo. Durante anos a criança pode ter tido deficiência de vitaminas, iodo e cálcio, bem como exposição insuficiente à luz solar. Dessa alma malnutrida surge o reumatismo, pois as doenças são as ervas daninhas que crescem no solo humano. Quando há história de reumatismo ou artrite na família, há uma grande possibilidade de que a criança venha a herdar esse quadro. Portanto, a prevenção deve começar na primeira infância.

## Prevenção

Algumas pessoas acham que diagnóstico precoce é o mesmo que prevenção, mas isso não é verdade. Se o reumatismo foi diagnosticado, obviamente não houve prevenção. Se uma criança já apresenta as "dores crescentes", é um pouco tarde para falar em prevenção, principalmente porque 80% das crianças contraem cardiopatia reumática na primeira crise de artrite reumatóide. Está bastante claro que o nosso objetivo, portanto, deve ser impedir que ocorra a primeira crise. Precisamos começar no período de lactação. É no período pré-escolar que os pais devem prestar atenção aos perigos associados a dores crescentes, dores de garganta, pés molhados, entre outros. As crianças com história familiar de reumatismo geralmente são aquelas que as mães cansadas classificam como "impossíveis" — muito inteligentes, extremamente emotivas e excitáveis — mas que se cansam com facilidade e tendem a ficar isoladas. Entretanto, uma criança emburrada, na minha opinião, muitas vezes é apenas uma criança cansada que precisa ser confortada e estimulada a descansar, e não repreendida até as lágrimas e a exaustão. Muito embora possam ser difíceis e irritantes, acho que as crianças com tendência a contrair reumatismo muitas vezes são malcompreendidas. Essas crianças freqüentemente são inquietas e impacientes, tendem a ter surtos de indigestão, diarréia e colite mucosa e amiúde desenvolvem erupções cutâneas, como, por exemplo, urticária ou eczema.

A artrite reumatóide aguda tem um forte componente hereditário; portanto, a nossa obrigação é fazer tudo o que pudermos para evitar que as crianças com tendência a essa doença a desenvolvam. Pode ser que as defesas naturais da criança contra mudanças climáticas não sejam muito boas, por isso ela deve ser adaptada desde os primeiros meses. Essas crianças nunca devem ser mimadas, pois isso poderia deixá-las mais sensíveis. Elas precisam ficar ao ar livre o máximo possível, usar roupas leves porém aquecidas e nunca ficar com roupas e sapatos úmidos. Ar frio e seco é muito bom para elas — pois estimula o metabolismo e proporciona uma sensação de bem-estar. Ar frio e úmido é ruim, e quando são expostas a essas condições climáticas elas devem ser mantidas em movimento — e não permanecer sentadas. Elas precisam de toda a luz do sol que puderem receber.

É necessário também tentar tonificar-lhes a pele. Como o clima está sempre mudando de quente para frio e de seco para úmido, precisamos fazer que a pele dessas crianças consiga lidar com essas mudanças. As mães devem aprender que os banhos quentes devem ser seguidos da aplicação de uma esponja embebida em água fria ou de rápida fricção com uma toalha grossa previamente mergulhada em água fria e torcida. Dessa forma, o sistema nervoso e a pele são tonificados.

As membranas das mucosas também são bastante sensíveis a alterações climáticas. Casas úmidas favorecem o aparecimento de reumatismo. Quando a casa é úmida, o ar é frio e úmido. Quando as janelas dessas casas estão fechadas e o aquecimento é ligado, o ar fica quente, úmido e estagnado. Respirando esse ar todos os dias, a criança pode crescer apática e inapetente. A membrana da mucosa da garganta fica ressecada, deixando a criança muito suscetível a resfriados. Janelas abertas permitem a ventilação e a renovação constante do ar, e essa é a forma de manter a membrana da mucosa saudável e de reduzir a probabilidade de dores de garganta. A higiene da pele, da boca e dos dentes também é muito importante na prevenção do reumatismo.

Os primeiros sintomas de reumatismo geralmente surgem nos músculos, e as mães devem ser alertadas sobre a gravidade das "dores crescentes". É preciso compreender que a atividade cutânea está estreitamente relacionada com a atividade muscular. Quando os músculos geram calor, cumpre à pele regular esse calor. Para evitar o reumatismo, os músculos, assim como a pele, devem ser mantidos em estado de eficiência. Os músculos precisam de combustível, e eles retiram esse combustível da degradação de amidos, proteínas, açúcares e gorduras. Muitas crianças com história familiar de reumatismo não têm acesso a quantidades suficientes desses alimentos, e por esse motivo seus músculos ficam congestionados por produtos residuais. A ingestão de alimentos e a produção muscular devem estar bem equilibradas. Em outras palavras, as crianças devem ser bem alimentadas, mas não com exagero. Elas devem fazer exercícios, mas não demais. É preciso ter sempre em mente que essas crianças se cansam com rapidez e se recuperam lentamente. Portanto, não é bom que fiquem exaustas; além disso, precisam dormir o suficiente. As mães devem ficar cientes de que, além de uma longa noite de sono, as crianças pequenas precisam tirar um cochilo durante o dia. O descanso é importantíssimo no tratamento da cardiopatia reumática, e tenho bastante convicção de que devemos usá-lo como uma forma de evitar a doença.

Quando a criança atinge a idade escolar, deve-se fazer todo o possível para que as horas que ela passa na escola sejam agradáveis. Para a criança propensa ao reumatismo, a saúde, e não a escola, deve ser a prioridade. Tudo o que provoca tensão física ou mental em excesso é prejudicial, e o lado competitivo das tarefas ou das brincadeiras deve ser minimizado.

Uma boa nutrição é essencial. O controle rotineiro do peso também é importante, e às vezes constitui o único meio de detectar se a criança está se desenvolvendo ou não. Caso sejam constatadas anemia e perda de peso, deve-se corrigir a alimentação e incluir uma boa multivitamina que contenha ferro e vitamina C. Cantassium* é uma excelente multivitamina para todas as faixas etárias.

## Controle da Doença

Devemos ficar atentos aos sintomas de reumatismo — como dores crescentes, entre outros. Uma vez detectados, tudo o que podemos

---

\* Multivitamínico não disponível no Brasil (N.T.).

fazer é tentar evitar que eles voltem. Infelizmente, o reumatismo apresenta uma tendência viciosa de se manifestar várias vezes. Portanto, o que podemos fazer para evitar a recidiva? O que sugeri anteriormente pode ser aplicado à criança reumática. Não deposite sua fé em medicamentos, mas nos recursos naturais do organismo da criança. Como afirmei no meu livro anterior, *Curing Arthritis — The Drug-Free Way*, os medicamentos para artrite são os mais perigosos que existem — eles nunca propiciam a cura. Esses remédios produzem vários efeitos colaterais indesejáveis que, uma vez instalados, são irreversíveis. Muitas crianças foram levadas à minha clínica com anemia (os medicamentos esgotam o ferro do organismo), zumbido nos ouvidos, excesso de peso, insônia, irritabilidade, náusea, ulceração, colite e deficiências de cálcio e de zinco. Alguns medicamentos enfraquecem o sistema imunológico, tornando-o totalmente incapaz de combater as infecções. Os remédios para artrite suprimem a dor e a inflamação, mas, ao suprimir esses sintomas, deixam o organismo predisposto a doenças graves, como bronquite crônica, pneumonia, cistite, cálculos biliares e várias outras.

**Repouso no leito**

Quando uma criança apresenta dor e rigidez, é preciso colocá-la na cama e chamar o médico, nunca o contrário — a criança não deve ser levada ao médico. Não se pode esquecer que o coração talvez tenha sido afetado, e o repouso imediato pode impedir a evolução do comprometimento cardíaco. Uma criança com dor e rigidez deve ficar na cama, porque pode estar sofrendo de cardiopatia — daí o perigo de fazer qualquer esforço. Talvez seja bom que as chamadas dores crescentes, a rigidez no pescoço e a dor de garganta sejam bastante incômodas; de outra forma o médico não seria chamado; e a cardiopatia poderia passar despercebida. Crianças com reumatismo devem ficar na cama: elas precisam de bastante repouso e de um tratamento cuidadoso. O tratamento consiste em mel, vinagre de maçã e melaço escuro para eliminar o ácido úrico: duas colheres de chá de mel dissolvidas em meio copo de água morna, ao qual são adicionadas duas colheres de chá de vinagre de maçã. Essa bebida deve ser tomada três vezes ao dia, e é excelente para dissolver o ácido úrico do organismo. Além disso, recomenda-se um quarto de colher de chá de melaço escuro num pouquinho de água quente, também três vezes ao dia, contanto que não cause diarréia.

## Alimentação

A alimentação é muito importante, e as crianças devem adotar uma dieta livre de alimentos ácidos: frutas cítricas — laranja, limão, *grapefruit*, entre outras; suco de frutas; tomate; mexerica; amora; groselha; ameixa etc. Manteiga, queijo, leite integral e creme de leite também devem ser evitados. Margarina vegetal *light*, leite desnatado ou leite em pó são bons substitutos. O queijo fresco pode substituir os queijos curados. Peixe pode ser consumido à vontade, assim como carneiro sem gordura. Não se deve comer carne vermelha. Recomenda-se a ingestão de grande quantidade de verduras, bem como de castanhas e sementes, exceto amendoim salgado. Não são permitidos salgadinhos.

Para compensar as vitaminas, os sais minerais e as proteínas que faltam na dieta mencionada acima, foi produzida uma linha especial desses itens para a minha clínica. Ela inclui:

Proteína — 1 colher de chá bem cheia diariamente, mais uma seleção de vitaminas e sais minerais.

| | | |
|---|---|---|
| Vitamina C | 250 mg | 1 vez ao dia |
| Complexo B | 25 mg | 1 vez ao dia |
| Cálcio | 300 mg | 1 vez ao dia |
| Magnésio | 39 mg | 1 vez ao dia |
| Fósforo | 38 mg | 1 vez ao dia |
| Vitamina E | 200 UI | 1 vez ao dia |
| Selênio | 50 UI | 1 vez ao dia |
| Ferro | 25 mg | 1 vez ao dia |
| Algas pardas | 250 mg | 1 vez ao dia |
| Alfafa | 250 mg | 1 vez ao dia |
| Vitamina A | 2000 UI | 1 vez ao dia |
| Vitamina D | 200 UI | 1 vez ao dia |

Para aqueles que não conseguem tomar comprimidos, os itens citados anteriormente foram produzidos em cápsulas. As crianças com mais de oito anos de idade devem tomar três por dia. A cápsula pode ser aberta, e o pó, misturado na geléia, no mingau, na sopa ou ingerido da forma preferida. A dose das crianças com menos de oito anos é menor. (*A lista apresentada anteriormente foi elaborada especialmente para crianças. A fórmula Margaret Hills para adultos é descrita de forma detalhada no capítulo 5.*)

Como a artrite é uma doença que produz perda e atrofia da massa muscular, é essencial que o paciente receba proteínas de boa procedência para aumentar a massa muscular. Vou explicar agora o motivo da recomendação de vitaminas e sais minerais.

## Complexo B

A dor que acomete os portadores de artrite e a frustração causada pela inatividade a que são forçados fazem que seus nervos muitas vezes fiquem à flor da pele. A irritabilidade é um sintoma muito comum, provocando dores de cabeça, enxaquecas e, freqüentemente, insônia. O complexo B fortalece esses nervos em frangalhos e deixa o paciente menos irritado. Com o tempo, a depressão desaparece e vem uma sensação de calma que ajuda a proporcionar noites de um sono reparador. É nesse ponto que começa a cura.

## Cálcio, magnésio e fósforo

A maior parte dos pacientes sofre de cãibras extremamente dolorosas por causa da falta de sais de cálcio nos tecidos. Para equilibrar esse quadro, são administrados cálcio, magnésio e fósforo. A falta de cálcio expõe o paciente a um grande risco de desenvolver uma afecção chamada osteoporose, caracterizada pela redução da densidade óssea, que deixa os ossos quebradiços e suscetíveis a fraturas. O cabelo fica opaco, os dentes apodrecem, a pele fica ressecada e as unhas apresentam saliências e se quebram com facilidade. A ingestão de cálcio, magnésio e fósforo produz efeitos profundamente benéficos nessas afecções.

## Vitamina E e selênio

A vitamina E e o selênio atuam juntos com o objetivo de melhorar a circulação e fortalecer o músculo cardíaco. Isso é importantíssimo — como já dissemos, o coração, invariavelmente, é afetado na artrite.

## Ferro e vitamina C

O ferro e a vitamina C também atuam juntos. Os portadores de artrite, em sua maioria, são anêmicos e, portanto, precisam de ferro. Os medicamentos, assim como a dor causada pela doença, esgotam as reservas de ferro do organismo. A vitamina C favorece a absorção de ferro pelo organismo. Por esse motivo, o ferro nunca deve ser administrado sem a vitamina C, ou ele pode acumular-se no fígado e causar intoxicação hepática. Além disso, por causa da retirada das frutas cítricas da alimentação, é muito importante que sejam tomados suplementos de vitamina C.

## Algas pardas

As algas marinhas contêm os sais minerais do mar, e, como os pacientes artríticos têm carência de minerais, considero esse um bom complemento da alimentação.

## Alfafa

Foi comprovado recentemente que a alfafa é muito útil no alívio da artrite. Acrescentei esse elemento à minha lista de nutrientes porque sei que, além de ser inofensivo, pode fazer um grande bem.

O tratamento descrito acima — terapia de remoção de ácidos seguida de dieta livre de alimentos ácidos e prescrição de suplementos de vitaminas, sais minerais e proteínas — está produzindo excelentes resultados no alívio da artrite, tanto em pacientes jovens como nos idosos, na minha clínica, em Coventry. Nada acontece da noite para o dia — não fazemos milagres instantâneos —, mas invariavelmente ocorre uma recuperação lenta e gradual da saúde.

É importantíssimo que o fator stress também seja reduzido, pois o stress e a tensão têm efeitos adversos na cura da artrite. Esse assunto será discutido nos capítulos 3 e 4, pois acho que está mais ligado ao adulto do que à criança.

# Artrite em Adultos

**2**

As estatísticas mostram que, na Inglaterra, 95% das pessoas acabam sofrendo de artrite ou reumatismo a certa altura da vida. Essa realidade é assustadora, sobretudo levando em consideração que essa situação pode ser evitada. A saúde e o vigor são os bens mais preciosos tanto do indivíduo como da nação. Um grande exército de médicos, enfermeiros, químicos e cientistas de várias áreas está empenhado na luta contra essa doença. Acredito que o contingente médico custe mais caro ao país do que o contingente militar. Logo, doenças representam uma carga mais pesada para a nação do que seu sistema de defesa.

Na minha opinião, atualmente a artrite é o flagelo da nação, e os danos invisíveis que ela causa freqüentemente são muito maiores do que os danos visíveis, muito embora estes sejam evidentes na grande maioria dos casos. Quando saímos para trabalhar ou fazer compras diariamente, encontramos tantas pessoas usando colares cirúrgicos, aparelhos ortopédicos, sapatos com plataforma, bengalas, andadores ou cadeiras de rodas! Esses são os sinais visíveis, somados, obviamente, a deformidades grosseiras em várias partes do corpo, principalmente na coluna, nas mãos e nos pés.

Um grande número de pessoas sofre em silêncio com a artrite — elas não se queixam nem procuram o médico — estão sempre sentindo dores e mal-estar e nunca, ou raramente, se sentem em plena forma. Para elas, um dia saudável é coisa rara.

As pessoas com saúde perfeita conseguem executar seu trabalho diário sem precisar fazer muito esforço nem se cansar demais. Elas conseguem realizar seu trabalho intelectual de forma rápida e eficaz. Para os portadores de artrite, uma caminhada de um quilômetro é extremamente exaustiva, o esforço físico moderado está acima das suas forças, e uma mudança de temperatura provoca dores em todo o corpo. Essas pessoas não têm gosto pelo trabalho, pois são incapacitadas física e mentalmente. Seu trabalho não satisfaz nem a elas mesmas nem às pessoas para quem trabalham. Eficiência e saúde estão atreladas, assim como ineficiência e doença.

Na minha clínica, tenho oportunidade de constatar diariamente o quanto a saúde debilitada pode ser desastrosa. Homens de negócios e administradores perdem a capacidade de tomar decisões acertadas, pois não conseguem enxergar as situações com clareza. Milhões de trabalhadores desempenham suas funções de forma lenta e ineficiente porque a doença crônica e o mal-estar físico reduzem seu nível de energia.

O sucesso econômico no mundo moderno depende, em grande parte, da cooperação entre empregados e empregadores. O nível de insatisfação social e de atrito entre patrões e empregados nunca foi tão elevado. Ao mesmo tempo, descobrimos que, embora as pessoas estejam vivendo mais, os problemas de saúde nunca estiveram tão exacerbados.

Quando não estão bem, as pessoas ficam amargas. Os problemas digestivos muitas vezes são responsáveis por depressão, melancolia e desespero. Corpo são e mente sã andam juntos; não se pode esperar alegria dos que sofrem com a artrite. Saúde, felicidade, prosperidade e poder andam de mãos dadas. A doença gera infelicidade, pobreza e desespero. Nunca é demais enfatizar que as doenças impedem a prosperidade, a alegria e a grandeza das nações.

Somos a única clínica na Inglaterra que oferece esse tipo de tratamento, e estamos obtendo excelentes resultados. Por esse motivo, os médicos estão começando a nos enviar pacientes, nossa fama está se espalhando, e estamos abarrotados de pedidos de informações e de pessoas que querem ser atendidas. Obviamente, temos de limitar o número de clientes para manter nossas consultas sob controle. Muitas pessoas podem fazer o tratamento em casa, e com isso em mente desenvolvemos um sistema por correspondência que está funcionando muito bem. Atualmente, cuidamos de pessoas em várias partes do mundo.

Entretanto, sempre nos esforçamos para atender crianças, jovens e pessoas que estão sofrendo com os graves efeitos dos medicamentos. Nós os ajudamos a se livrarem dos medicamentos e, dessa forma, contribuímos para a sua saúde física e mental.

## Adultos de dezoito a trinta anos com artrite

Adultos com idades entre dezoito e trinta anos acometidos de artrite reumatóide ou de osteoartrite geralmente conseguem consulta quando telefonam para a clínica, pois achamos que eles estão começando a vida e que precisam dos nossos conhecimentos e da nossa atenção imediata. Quase todos estão tomando medicamentos perigosos, e muitos estão sofrendo com os efeitos colaterais. Os sintomas dos pacientes artríticos são os mesmos, em maior ou menor intensidade. O tratamento que todos recebem é o mesmo, mas alguns estão com o sistema imunológico tão debilitado que precisam de um tratamento mais intensivo. Os medicamentos para artrite esgotam muitos nutrientes do organismo, como o ferro, de modo que quase todos os meus pacientes são anêmicos. Muitos sofrem com osteoporose (ossos quebradiços) causada por falta de cálcio, e muitos apresentam fraqueza e emaciação muscular. Todas essas afecções precisam ser corrigidas, e isso não pode ser feito da noite para o dia. Para alguns, o caminho da recuperação representa uma longa jornada.

Os que não estão tomando medicamentos para artrite obtêm resultados muito mais rapidamente. O uso disseminado de esteróides constitui uma fonte de preocupação constante para mim, pois a fraqueza muscular associada ao uso desses remédios é um efeito colateral gravíssimo, uma vez que vem se somar à fraqueza muscular inerente à artrite. Atendo alguns pacientes na faixa etária de dezoito a trinta anos que não têm forças para mover um músculo sequer — e esse quadro é agravado ainda mais pelo uso de esteróides. Será que não está na hora de os médicos buscarem alternativas para os medicamentos? Os medos e as frustrações dos jovens que atendo são devastadores. Alguns estão terminando o ensino médio; outros, cursando a universidade; e outros, ainda, acabaram de conseguir o primeiro emprego. Quando chegam à clínica, mal conseguem andar — muitos engordaram bastante por causa dos esteróides, e o exame de urina invariavelmente revela a presença de sangue e proteínas por causa dessas drogas. Pressão arterial elevada é muito comum — provavelmente por causa dos medicamentos. Esses jovens começam a relatar a história da sua doença — os exames de sangue, as radiografias, os medicamentos, as palavras do médico: "Aprenda a conviver com a artrite", e caem no choro.

Se os médicos que disseram essas palavras alguma vez tivessem sentido as dores da artrite, perceberiam a sentença de morte que proferiram para essas pessoas. Sei que é bastante frustrante para esses profissionais — pois eles sabem que o único tratamento de que dispõem para artrite são os medicamentos; mas sabem também que, além de não curar absolutamente nada, essas drogas aumentam o sofrimento por causa dos efeitos colaterais. Foi gratificante, algum tempo atrás, quando uma paciente me contou que seu médico lhe confessara estar satisfeito com o fato de ela estar fazendo o meu tratamento em vez de estar tomando o seu "veneno".

### Infecções e antibióticos na artrite

Nos pacientes portadores de artrite, reumatismo e gota, a inflamação na garganta geralmente está associada à exposição ao frio. Esse quadro se manifesta por calor e ressecamento na garganta, com dor ao engolir. Febrícula, dores nas costas e nos membros também são sintomas comuns. Quando isso ocorre, o médico é consultado e prescreve um antibiótico. Isso agrava a artrite, e o pobre paciente é acometido de uma crise de dor. Geralmente os antibióticos são administrados isoladamente, e não em conjunto com o complexo B. Essa prática pode fazer que o paciente contraia candidíase, *Candida albicans*, uma afecção bastante desconfortável e difícil de tratar. Quando eu era uma jovem enfermeira, há 43 anos, todos os pacientes que tomavam antibióticos recebiam complexo B regularmente. Naquela época eu não sabia o porquê desse procedimento, mas com o tempo pude compreender. Antibióticos na realidade significam "antivida". Em muitos casos essas drogas conseguem matar o germe que causou a inflamação da garganta ou outro problema qualquer, e nesse aspecto são boas, mas podem matar também as bactérias intestinais imprescindíveis ao organismo. A administração concomitante de uma dosagem alta de complexo B impede o desenvolvimento desse quadro.

### Candida albicans

A candidíase é uma afecção que afeta a membrana das mucosas da boca e do ânus. Placas brancas de um tipo de fungo surgem na língua, no palato ou na bochecha, alastrando-se para a faringe, esôfago e intestino; na verdade, todo o sistema digestivo é afetado. A infecção faz que o paciente tenha dificuldade de comer, acarretando deficiência de nutrientes importantes. O mal-estar causado pelo prurido das úlceras bucais e anais pode ser insuportável. O tratamento da candidíase varia de acordo com a gravidade do quadro.

### Tratamento de crises leves ou únicas

Para quadros leves ou com uma crise única, o tratamento a seguir é eficaz: uma boa alimentação aliada a uma multivitamina (*Cantamega 2000**, na minha opinião, é a melhor) ingerida uma vez ao dia, complexo B (100 mg ao dia) para nutrir a flora intestinal e 1g de vitamina C diariamente para limpar o sangue. Além disso, um suplemento

---

\* Multivitamínico não disponível no Brasil (N.T.).

oral de *Lactobacillus acidophilus* (na forma de cultura seca — 1 colher de chá três vezes ao dia), vai reinocular bactérias benéficas no intestino. Esse programa de tratamento tem obtido bastante sucesso na redução da infecção por *Candida albicans*.

**Candidíase crônica**

Geralmente as mulheres são mais acometidas pela candidíase crônica e chegam à minha clínica em desespero. A essa altura elas já consultaram o médico, que, depois de ouvir todos os seus sintomas, chegou à conclusão de que se trata de um problema relacionado com a idade e que elas sofrem de neurose. As pacientes já se submeteram a vários tratamentos, como, por exemplo, acupuntura, sem nenhum sucesso. Elas sabem que não são neuróticas e que seus sintomas são bastante reais e incômodos.

Depois de passar um longo tempo fazendo perguntas às pacientes sobre seu histórico médico, invariavelmente descubro que em determinada ocasião elas tomaram uma bateria de antibióticos para bronquite, cistite ou outra afecção. Elas acham que essa pode ser a origem do problema, pois desde então não vêm se sentindo bem. Peço, então, que descrevam os seus sintomas — que parecem intermináveis. Terrivelmente deprimidas, elas choram por qualquer motivo — não admira que o médico ache que se trata de desequilíbrio nervoso. Sentem-se tão cansadas que não têm disposição para fazer nada; tampouco demonstram interesse por alguma coisa. A coceira vaginal é incômoda e constrangedora, e o abdome está distendido. Elas se sentem inchadas, e muitas vezes têm diarréia. Por causa das crises freqüentes de cistite, são obrigadas a tomar vários antibióticos. Elas têm úlceras na boca e problemas com gases. Como se não bastasse, acham que têm artrite, pois sente dor, formigamento e dormência nos músculos, inchaço nas articulações, dores de cabeça, manchas no campo de visão e, às vezes, perdem o equilíbrio. Além disso, a boca está sempre seca, e elas tem mau hálito.

A partir da descrição dos sintomas, percebo imediatamente que elas têm candidíase crônica. Todos os sintomas mencionados acima, e muitos outros, estão relacionados com essa afecção. Que alívio essas mulheres sentem quando finalmente alguém dá um nome ao seu sofrimento. Mas dar um nome ao problema é uma coisa, e curar é outra, e isso não é nada fácil para as pacientes. Como já expliquei, esse quadro é conseqüência da administração de antibióticos sem o complexo B. Obviamente, os alimentos que consumimos, sem que tenhamos consciência, também contribuem, pois contêm hormônios e antibióticos. Algumas vezes, pode levar meses para corrigir os danos causados. Por exemplo, a infecção a longo prazo pode ter provocado um desequilíbrio intestinal, deixando o sistema digestivo incapaz de digerir determinados alimentos. Os detritos tóxicos produzidos manifestam-se como problemas de pele, transtornos digestivos, infecções, dores e mal-estar. O sistema imunológico está tão debilitado que não consegue resistir aos vírus e às bactérias.

**Tratamento de candidíase crônica**

O tratamento nesses casos consiste numa dieta elaborada especialmente para matar de fome as bactérias maléficas no trato digestivo e promover a saúde das bactérias benéficas.

Os alimentos permitidos são: vegetais, principalmente cozidos, como brócolis, couve-flor e nabo; vegetais da família do repolho; carne de vaca e de frango não defumadas e isentas de esteróides; peixe não defumado; carne de caça; mariscos e ovos.

Recomenda-se também quatro a seis colheres de chá de óleo de cártamo e uma a três colheres de chá de óleo de linhaça por dia, água filtrada e mineral em abundância e sucos de vegetais frescos, além de sementes de plantago como fonte de fibra. Além disso, deve-se ingerir o máximo possível de alho para purificar o sangue. Descobriu-se que o óleo de linhaça representa uma excelente fonte de ácido linoléico, que degrada as gorduras e o colesterol, eliminando uma grande quantidade de glúten do intestino. Deve-se evitar todos os outros alimentos até que a pessoa se sinta melhor. Depois disso, deve-se começar a reintroduzir um de cada vez, sempre prestando atenção ao retorno dos sintomas. Se algum sintoma reaparecer, deve-se suspender o alimento que o causou.

Acreditava-se inicialmente que o iogurte era bom para pacientes com candidíase, pois ajuda a normalizar a flora intestinal. Recentemente, entretanto, constatou-se que seu grande conteúdo de leite alimenta os fungos, de modo que é melhor passar longe dos iogurtes. Juntamente com a dieta recomendada acima, a ingestão de Superdophilus* (um *Lactobacillus acidophilus* em pó formulado para produzir um forte antibiótico natural) é mais eficaz para restaurar a flora intestinal.

Os alimentos não permitidos são: qualquer tipo de fruta; sucos de fruta (que podem ser reintroduzidos quando desaparecerem os sintomas); iogurte; cogumelos; frutas secas; castanhas e sementes. Além disso, todos os tipos de açúcar, mel, adoçantes, frutose, glicose, malte, melados, qualquer alimento que contenha levedura (como, por exemplo, pão e pastas de extrato de levedura); derivados de leite (leite, queijo, manteiga etc.), alimentos fermentados (como molho de soja e cerveja), carnes e peixes defumados; glutamato monossódico (Ajinomoto), amendoim, pistache, bebidas alcoólicas, pílulas anticoncepcionais, conservantes e ervilhas congeladas.

Esse programa ajuda a estimular o sistema imunológico e permite que ele cumpra a sua função de proteger o organismo. A suplementação de vitaminas é muito importante, mas saiba que as vitaminas baratas podem fazer mais mal do que bem: muitas são à base de leveduras, e o organismo já está saturado delas (fungos).

Não consigo imaginar suplementação melhor de vitaminas do que as mencionadas na página 21 do capítulo 1. Um adulto precisa do dobro da potência, juntamente com o seguinte: L-arginina (aminoácido conhecido por estimular o sistema imunológico), quatro comprimidos de 500 mg por dia nas primeiras seis semanas. O *aloe vera* reduz a inflamação e pode ser de grande ajuda nessa afecção.

Os resultados podem ser bastante lentos, mas, assim como a artrite crônica, a candidíase é uma afecção que leva um longo tempo para se instalar, e não se pode esperar resultados imediatos. Mas, com paciência e perseverança, os resultados aparecem, e a espera vale a pena.

É bastante embaraçoso perceber que o fato de tomar antibióticos sem o complexo B pode produzir efeitos tão duradouros e devastadores no organismo humano, e como é terrível pensar que os po-

---

* No Brasil só existe na forma líquida (Leiba) (N.T.).

bres portadores de artrite agora têm de combater duas doenças crônicas em vez de uma.

Os médicos geralmente prescrevem Nistatina para curar a infecção por *Candida albicans*. Esse antibiótico realmente mata o fungo parasita, mas também produz efeitos colaterais, como náusea, dores estomacais e depressão. Matar o fungo parasita, infelizmente, é apenas a metade da história, e os antibióticos não nutrem a flora intestinal benéfica. Na verdade, eles podem destruir essa flora, e a conseqüência inevitável é o retorno da doença. O tratamento que alia Superdophilus e alimentação especial demora mais para produzir efeitos, mas, quando isso ocorre, os resultados são completos e duradouros, sem efeitos colaterais. Além de fazer uma limpeza no organismo e de fortalecer o sistema imunológico, os pacientes têm uma sensação de bem-estar que não tinham há anos. Felizmente, um número relativamente pequeno de pessoas na faixa de dezoito a trinta anos contrai candidíase crônica. De modo geral, elas não precisam de muitos antibióticos, mas de vez em quando aparece um cliente na clínica que, por causa de bronquite recorrente, dor de garganta ou outra afecção qualquer, teve de tomar uma série de antibióticos, apresentando infecção antiga.

A maioria dos adultos jovens obtém resultados rapidamente com a dieta e o tratamento que prescrevemos. Por exemplo, uma menina irlandesa de catorze anos que já havia passado por vários médicos fez o tratamento Margaret Hills por seis meses e afirmou que as cãibras, o formigamento e a insônia desapareceram. Seu pai disse que agora "tinham de colocar o pé no freio", pois ela parecia bem demais, extremamente animada e feliz. Depois de apenas seis meses, ela havia abandonado todos os medicamentos e sentia pouquíssima dor.

## Osteoartrite crônica

Um exemplo de alguém que sofre de artrite crônica é a mulher que vem acompanhada do marido às consultas na clínica. Observo quando ele abre a porta do carro para a esposa e a ajuda a levantar-se: primeiro as pernas, depois a parte superior do corpo. Vejo que ela apóia todo o seu peso sobre ele, mas é incrível a expressão de agonia no rosto da mulher por causa do movimento. Ele lhe entrega o andador ou a bengala, ou, se ela não consegue andar, traz a cadeira de rodas. Eu a acomodo na cadeira, o marido senta-se ao seu lado, e então ouço a sua história enquanto o meu assistente examina a sua urina e tira a sua pressão.

O casal diz que procurou a clínica porque há anos a mulher não saía do hospital e tomava todos os tipos de medicamentos, que, embora tivessem funcionado por algum tempo, não faziam mais efeito. Na época, ela estava tomando uma dose elevada de esteróides, mas estava piorando, e o médico dissera que não podia fazer mais nada por ela. Pergunto como ficaram sabendo da clínica. Ela diz que uma vizinha ou amiga fizera o tratamento e obtivera excelentes resultados, e que, se eu puder aliviar pelo menos um pouco suas dores, ela ficará muito grata.

No decorrer da consulta, observo a aparência anêmica do seu rosto — os medicamentos e a dor esgotam as reservas de ferro do organismo. Pergunto qual foi a última vez que fez um exame de sangue. Ela diz que faz seis meses, mas que há anos está anêmica e vem tomando Ferrograd (um comprimido de ferro). Seu cabelo está opaco e sem vida, sua pele está pálida, e seus olhos não têm brilho algum. Está claro que ela tem carência de cálcio — as saliências pronunciadas nas unhas e a pele áspera das mãos confirmam isso. Quando há falta de cálcio, a pele, o cabelo, os dentes, os ossos e as unhas sofrem. Olho suas unhas, e ela me diz que se quebram facilmente: ainda culpa da falta de cálcio. Vejo que as unhas apresentam também manchas brancas aparentemente antigas, que mostram que seu sistema imunológico está bastante debilitado por falta de zinco, provavelmente em conseqüência da terapia medicamentosa. Os esteróides enfraquecem o sistema imunológico e esgotam muitos nutrientes do organismo. A pele da mulher está fina como uma folha de papel, e as pernas têm ulcerações — tudo isso pode ser resultado direto da ingestão de esteróides. As desvantagens dessas drogas, na minha opinião, são muito maiores do que as vantagens. Seus perigosos efeitos colaterais incluem elevação da pressão arterial, retenção de sódio e água, perda de potássio e fraqueza muscular. Tendo em vista que a artrite é uma doença que causa perda de massa muscular, e que os esteróides também podem causar fraqueza muscular, não admira que os pacientes artríticos muitas vezes se sintam tão sem forças que não conseguem nem mesmo levantar uma xícara. Esses medicamentos também podem causar diabetes e osteoporose, que representam um grande perigo, principalmente para os pacientes mais velhos, pois podem provocar o colapso da coluna vertebral. Podem ocorrer transtornos mentais, e um grave estado de paranóia ou depressão com risco de suicídio pode ser induzido, sobretudo em pacientes com histórico de distúrbio mental. A úlcera péptica é uma complicação conhecida, que pode causar hemorragia e perfuração do estômago ou do duodeno. A supressão dos sintomas pode permitir que uma septicemia ou tuberculose atinja um estágio avançado antes de ser detectada. Doses altas de esteróides podem causar síndrome de Cushing, cujos sinais são "cara de lua", estrias cutâneas na região do abdome e acne. A ingestão de esteróides deprime as glândulas supra-renais e pode acarretar perda de massa muscular — que pode persistir por anos depois da suspensão da terapia. Essas drogas proporcionam uma sensação de bem-estar muito artificial. Elas não devem ser usadas a menos que os benefícios justifiquem os riscos, pois as complicações e os efeitos colaterais da terapia podem ser muito mais graves do que a própria doença. Tendo em vista essa longa lista de efeitos colaterais, não admira que tantos portadores de artrite queiram descobrir uma forma de parar de tomar esteróides. Alguns dos meus pacientes apresentam vários sintomas e estão dispostos a fazer qualquer coisa para interromper o uso dos medicamentos. Para algumas pessoas esse é um processo bastante demorado, dependendo de quanto tempo durou o tratamento com esteróides e da dosagem prescrita. Alguns pacientes tomam também medicamentos não esteróides, além dos esteróides. Isso também complica as coisas — normalmente fazemos que suspendam primeiro os medicamentos não esteróides, e depois, aos poucos, começamos a reduzir os esteróides.

As drogas não esteróides devem ser tomadas com muito cuidado, uma vez que podem causar ulcerações e reações alérgicas. Elas não devem ser administradas a pessoas com úlcera péptica, e só devem ser receitadas para pessoas mais idosas como último recurso, e sempre em doses muito baixas. Os efeitos colaterais são inúmeros

— mal-estar gastrointestinal é um sintoma comum, podendo ocorrer também náusea, diarréia, sangramento, angioedema, asma, erupções cutâneas, cefaléia, tontura, vertigem e zumbido nos ouvidos, bem como distúrbios sangüíneos e retenção de líquidos. Os medicamentos não esteróides não devem ser prescritos para nenhum paciente com problemas renais, e devem ser ingeridos sempre após as refeições. A aspirina também, em doses grandes, pode causar zumbido nos ouvidos, tontura, surdez e, na verdade, muitos dos efeitos colaterais dos outros medicamentos não esteróides.

Noventa e nove por cento dos pacientes que sofrem de artrite tomam um desses dois tipos de medicamento, e infelizmente a grande maioria apresenta um ou mais efeitos colaterais. Alguns dos meus pacientes dizem que o zumbido nos ouvidos deixa-os loucos, e muitos descrevem a artrite na cabeça como uma "sensação de que alguma coisa está se mexendo lá dentro". Por mais que tentem, eles não conseguem aliviar esses sintomas, que os acompanham dia e noite. Na maioria dos pacientes, essa sensação de que alguma coisa está se mexendo lá dentro desaparece com a melhora da artrite. Isso me leva a crer que o quadro está associado ao encarceramento de um nervo nas vértebras cervicais em conseqüência de depósito de ácidos. Entretanto, o zumbido geralmente permanece, até mesmo quando a medicação é suspensa.

Essa é a história de alguém que sofre de artrite reumatóide ou osteoartrite crônica. Essa paciente me procurou porque está assustada com os efeitos colaterais dos medicamentos que está tomando. Ela quer suspender a medicação, e fará qualquer coisa para isso. Nos capítulos posteriores, apresento vários relatos de casos de pessoas jovens e idosas e os resultados obtidos com o tratamento na minha clínica.

# Uma Seleção de Relatos de Casos

**3**

$\mathcal{E}$ste capítulo apresenta uma seleção de relatos de casos extraídos das minhas anotações. Tenho certeza de que muitos portadores de artrite vão identificar-se com eles, assim como munir-se da coragem e da perseverança necessárias para continuar o tratamento quando sentirem que chegaram a um ponto de estagnação.

Como o número de pessoas que desejam marcar hora na minha clínica é muito maior do que a nossa capacidade de atendimento — o dia é muito curto para atender a todos —, elaboramos um questionário (ver página 38), que enviamos a todos os que solicitam consulta. Os futuros pacientes respondem às perguntas e enviam o questionário de volta. Os dados nos informam a idade e o sexo do paciente e se ele está tomando esteróides ou outros medicamentos para artrite. Perguntamos se eles sofrem dos nervos, se têm problemas de coração, diabetes, cefaléia, enxaqueca, insônia, cãibra, formigamento, dores, cansaço excessivo ou depressão. Perguntamos também se suas unhas apresentam saliências ou manchas brancas, ou se estão com o peso acima ou abaixo do normal. Precisamos saber se estão tomando algum medicamento e o nome desses medicamentos. Ficamos sabendo há quanto tempo eles têm artrite, se têm outras doenças e se gostariam de fazer outros comentários.

Todas essas informações influenciam diretamente o tratamento. Fazemos questão de examinar todas as crianças na clínica antes de começar o tratamento, bem como os jovens e qualquer outro paciente que achemos que precise de ajuda para suspender a medicação. Algumas pessoas estão tomando esteróides muito fortes e sofrendo com os efeitos colaterais, como, por exemplo, excesso de peso, pressão alta, presença de sangue e proteína na urina ou anemia. Essas pessoas voltam várias vezes à clínica até que tenham suspendido a medicação e os efeitos colaterais tenham desaparecido naturalmente.

Alguns pacientes recebem tratamento na clínica durante dois anos e meio, o que nos dá a oportunidade de conhecê-los muito bem. Eles aguardam as consultas com ansiedade e adoram relatar os resultados positivos que observam no dia-a-dia, como conseguiram erguer os braços para pentear o cabelo — o que talvez não conseguissem há anos. Isso me faz pensar em todas as coisas às quais nós, que somos saudáveis, não damos valor. Agradeço a Deus por minha saúde e pela saúde dos meus familiares, e também pela melhora dos meus pacientes.

## SELEÇÃO DE RELATOS DE CASOS

## CLÍNICA MARGARET HILLS — QUESTIONÁRIO

Para obter este questionário, além de literatura de apoio, por favor envie para a clínica um envelope selado e com o seu endereço. Depois de preencher, envie de volta para a clínica.

# UMA SELEÇÃO DE RELATOS DE CASOS

NOME _____
(EM LETRA DE FORMA)
ENDEREÇO_____
Código Postal _____
Idade _____ Sexo masculino/feminino _____ TEL _____
Você é diabético? _____
Consegue entrar na banheira sozinho? _____
Tem problemas de:

Nervos?_____ Formigamento? _____
Coração?_____ Dores? _____
Cefaléia?_____ Cansaço excessivo? _____
Enxaqueca? _____ Depressão?_____
Insônia?_____ Protuberâncias nas unhas? _____
Cãibras? _____ Manchas brancas nas unhas?_____

Descreva o seu peso: ACIMA/ABAIXO/NORMAL
Forneça detalhes dos medicamentos que está tomando:
*Nome do medicamento Prescrito por Dosagem Há quanto tempo está tomando*

_____

_____

_____

Há quanto tempo você sofre de artrite?_____
Tem alguma outra doença? _____

_____

Gostaria de fazer algum comentário?_____

_____

## Relato de Caso I — Sra. K

No dia 25 de maio de 1987, a senhora K enviou a seguinte carta para a clínica:

Cara sra. Hills,
Muito obrigada por seu livro *Curing Arthritis — The Drug-Free Way*. Para mim, foi como uma revelação — eu não conseguia acreditar

no que estava lendo, pois todos os médicos disseram que não havia nada que pudesse ser feito no meu caso.

Venho seguindo os conselhos do seu livro há três semanas, e obtive uma grande melhora. As dores no pescoço e no ombro estão mais fracas e, para minha surpresa, perdi alguns quilos, apesar de estar me alimentando muito bem. Sofro de artrite na coluna há cerca de cinco anos. Eu tentava não tomar os medicamentos, mas algumas vezes não conseguia. Isso foi antes de começar a sua dieta — não tenho tomado um único comprimido desde então. Tenho 51 anos de idade, e agradeço de coração por seu livro maravilhoso e sua grande coragem. Eu ficaria muito grata se a senhora me enviasse as últimas novidades sobre o tratamento. Deus a abençoe.

Sra. K

Nós lhe enviamos um questionário, que ela preencheu e devolveu no dia 10 de junho de 1987. Pelo questionário, ficamos sabendo que a senhora K tinha 51 anos de idade e sofria dos nervos, que tinha enxaquecas, insônia, dores fortes, cansaço e estava acima do peso. Ela estava tomando Prempak C (associação de estrógenos e norgestrel) para a menopausa e Temazepam* para a insônia, embora atualmente tenha suspendido essa medicação. Ela tomava também Migraleve (paracetamol mais codeína) para as dores de cabeça e ibuproferno para a artrite, que a acometera há cinco anos.

Antes de preencher o nosso questionário, ela foi à loja de produtos naturais e comprou mel, vinagre de maçã e melaço escuro. Depois de tomar esses produtos, além de vitamina $B_6$, ela relatou no questionário que estava bem melhor da enxaqueca. Disse também que, desde que tinha começado a tomar a vitamina B, estava dormindo muito melhor. Ela não tinha outras doenças, e havia suspendido o uso do ibuprofeno.

No dia 15 de junho, respondemos ao seu questionário.

---

* Benzodiazepínico não disponível no Brasil (N.T.).

# UMA SELEÇÃO DE RELATOS DE CASOS

Cara sra. K,

Pode continuar a tomar Prempak C por enquanto, embora durante o nosso tratamento os sintomas da menopausa devam se reduzir substancialmente. Além disso, com o tratamento, a senhora não vai precisar mais tomar Temazepam nem Migraleve, uma vez que a insônia e a enxaqueca estão relacionadas com a artrite. À medida que essa afecção se dispersar em seu organismo, a insônia e a enxaqueca devem melhorar e, finalmente, desaparecer. Por favor, não recorra ao Fenbid. Quando tiver dor, dois comprimidos de paracetamol devem bastar.

Além de fazer a dieta Margaret Hills que estamos enviando, a senhora vai precisar substituir uma refeição do dia por uma bebida instantânea com proteína nutricional — de preferência o café da manhã. Por favor, diga-nos como está se sentindo quando fizer novo pedido.


No dia 30, recebemos um novo pedido da sra. K, com uma pequena nota dizendo que ela tinha lido *Curing Arthritis — The Drug-Free Way* em abril e tinha começado a dieta prescrita, e desde então estava se sentindo muito melhor. Segundo ela, as crises de dor estavam muito mais espaçadas e, quando vinham, eram mais brandas. Ela tinha perdido três quilos desde o dia 30 de abril e se sentia muito bem, e só tivera três crises de enxaqueca nesse período, mas não tão fortes quanto costumavam ser. Além disso, estava dormindo muito melhor.

No dia 28 de julho, chegou outro pedido da sra. K, novamente acompanhado de uma pequena nota. Segundo suas palavras: "A dor agora é apenas um mal-estar! Estou pesando 67 quilos, e estou muito satisfeita com isso. Eu me sinto muito bem". Ela queria saber se cereja, uva ou marmelo, suco de uva, cereja preta e pasta de amendoim eram permitidos na dieta. A sra. K agradeceu a nossa ajuda e disse que estava contando a várias pessoas sobre o tratamento.

Nós lhe enviamos a encomenda e respondemos às suas perguntas:

Cara sra. K,

Estamos muito satisfeitos de saber que a senhora está bem. Sentimos muito, mas cereja, uva e marmelo não são permitidos — são muito ácidos, assim como suco de uva e cereja preta — pode comer um pouco de pasta de amendoim, e temos certeza de que vai achar a geléia de damasco para diabéticos uma delícia. Boa sorte!

No dia 1º de setembro recebemos outra encomenda com o seguinte bilhete:

Muito obrigada, as coisas estão indo muito bem. Há dias em que sinto bastante dor, mas não aguda. Na maior parte do tempo, não sinto dor. Vou viajar para a Itália no dia 19 de setembro, e pretendo passar uma semana lá. Vou levar o mel, o vinagre de maçã e o melaço escuro. Vou tentar manter a dieta e as vitaminas, mas, como vamos ficar num hotel com café da manhã e jantar inclusos, acho que vai ser difícil — com amor.

Nessa altura, sentimos que havíamos ganhado a confiança da nossa paciente. O "com amor" no final do bilhete era muito encorajador, e ali começou uma grande amizade, que duraria até o dia 7 de junho de 1988, quando ela nos informou que estava totalmente curada da artrite.

Entretanto, nesse meio-tempo ela teve vários surtos. Esses surtos (crises de dor e rigidez) representam uma tentativa do corpo de se livrar da artrite, e são essenciais. As crises são incômodas enquanto duram, mas, quando não são tratadas com medicação supressiva, e sim estimuladas a desaparecer naturalmente com a ajuda de banhos com sais de Epsom (sulfato de magnésio heptahidratado), massagem com Olba (destilado puro de óleos essenciais de menta, eucalipto, cajepute, pervinca e bagas de zimbro) e repouso, o paciente tem uma enorme sensação de bem-estar e realização e fica entusiasmado com o fato de ter dominado a dor sem o auxílio de medicamentos. A sra. K não foi uma exceção. No dia 16 de novembro de 1987, recebemos mais uma carta, com os seguintes dizeres:

Cara Margaret

Obrigada por tudo o que tem feito por mim. Continuo a fazer progressos, embora lentamente. O pescoço ainda me incomoda, mas não sinto dor aguda. Meus pés estão muito melhores, e consigo andar sem apoio, embora sinta dores esporádicas. A senhora pode me dizer se os tomates amarelos são ácidos? Um grande abraço.

Os pacientes se sentem bastante reconfortados quando percebem que podem manter uma comunicação constante com a clínica, por telefone ou por carta. Há sempre alguém para encorajar, prestar solidariedade ou dar conselhos. Tenho a felicidade de contar com a ajuda da minha filha na clínica. Christine participou desde o começo e é muito dedicada ao trabalho. Ela faria qualquer coisa para reconfortar um paciente e aliviar o seu sofrimento.

Nossa resposta à carta da sra. K no dia 24 de novembro foi a seguinte:

Cara sra. K,

Fico muito feliz de saber que está melhorando. Não desista! Na minha opinião, todos os tomates têm acidez, portanto é melhor ficar longe deles. Feliz Natal, e nossos melhores votos.

O Natal passou, e no dia 21 de janeiro recebemos uma carta da sra. K:

Cara Margaret,

Mais uma vez obrigada por sua valiosa ajuda. Tenho de confessar que minha dor no pescoço se estabilizou. Ainda sinto um pouco de rigidez, mas na maior parte do tempo nem presto atenção. Agora consigo caminhar sem o andador e posso usar qualquer tipo de sapato. Você acha que está na hora de rever a situação e reduzir o tratamento? Por favor, diga como devo proceder.

Respondemos à sra. K

Cara sra. K,

Sinto muito, mas ainda não podemos reduzir a sua dieta. Vários pacientes que reduziram a dieta muito cedo tiveram recidiva da artrite, e foi preciso recomeçar o tratamento. Não queremos que isso ocorra, e temos certeza de que a senhora também não quer. Espere mais alguns meses, vai valer a pena. Quando a senhora estiver livre da doença por três meses — quer dizer, sem dor ou inchaço, podemos suspender a ingestão de proteína e ampliar a sua dieta. Um grande abraço.

A sra. K continuou o tratamento como aconselhamos até o dia 7 de junho, quando recebemos o seguinte bilhete:

Cara Margaret,
Agradeço de coração tudo o que você fez por mim. Estou muito satisfeita, pois não tenho mais dor e me sinto muito bem. Eu gostaria de saber o que fazer agora. Atenciosamente.

Nossa resposta, em 14 de junho, foi a seguinte:

Cara Sra. K,
Estamos muito felizes que a senhora tenha conseguido se curar da artrite, e se Deus quiser as dores não vão voltar. Entretanto, é muito importante que a senhora tome um sachê da fórmula Margaret Hills em dias alternados, e um comprimido de vitamina C nos dias em que não tomar a fórmula. Isso significa que a senhora vai encomendar uma caixa da fórmula e uma embalagem de vitamina C a cada dois meses. É importante que siga essa conduta pelo resto da vida, para manter reduzidos os níveis de ácido do seu organismo, evitando, assim, a volta da artrite. Pode parar de tomar a proteína em pó. Coma muito peixe, frango, queijo fresco etc. Tome um pouquinho da mistura com vinagre de maçã uma vez por dia, e com certeza de hoje em diante a senhora será uma pessoa saudável. Um grande abraço.

A carta foi enviada no dia 14 de junho de 1988. Desde então, a sra. K goza de plena saúde. Ela está bem, feliz, não sente dor nem apresenta qualquer outro sinal de artrite, como diz em sua carta escrita no dia 28 de novembro de 1989:

Cara Margaret Hills,

Estou me sentindo muito bem, não tenho rigidez nem dor, e estou muito grata. Vendi vários livros seus e sempre conservo três em casa para dar ou vender para quem precisa. Ainda faço a dieta, embora não de forma tão rigorosa como antes. Não tomo mais o melaço escuro, mas ainda tomo dois copos da mistura de mel, vinagre de maçã e água todos os dias, em geral quente. É uma bebida deliciosa e sei que vai controlar a minha acidez. Acho que vou conservar esse hábito por toda a vida. Ainda me atenho a carneiro, frango e peixe, e descobri várias maneiras de preparar essas carnes; desse modo, não sinto falta de outros alimentos e só como os que não contêm gordura animal — e nada de frutas cítricas. Obviamente, saladas e verduras fazem parte da minha alimentação, assim como queijo fresco.

Sinto-me realmente muito bem, não tenho mais enxaquecas — elas costumavam ser fortíssimas antes de eu começar o seu tratamento. Durmo bem e tenho muita energia. Meus pés estavam péssimos, mas agora consigo caminhar mais rápido do que o meu marido. Além disso, com meu pescoço — eu tinha dificuldade para trabalhar na escrivaninha ou dar marcha à ré no carro —, não tenho mais problemas. Agradeço imensamente mais uma vez. Espero realmente que muitas pessoas descubram o seu tratamento — desejo sorte com o seu novo livro.

Nunca conheci pessoalmente a sra. K, mas sinto-me honrada com o fato de ela ter conseguido levar uma vida normal e ter se livrado da dor por meu intermédio. Ela é uma entre os milhares de pessoas que se beneficiaram com os conselhos e o tratamento da minha clínica.

É preciso estar sempre informado a respeito da evolução da doença do paciente e assumir a responsabilidade, para assegurar que ele receba o melhor tratamento possível. Aprendi com a experiência que os medicamentos esteróides e não esteróides não constituem um bom tratamento para a artrite, por causa dos seus terríveis efeitos colaterais.

Chamo o meu tratamento para artrite de "complementar", e não de "alternativo", porque muitas vezes tenho de pedir ao paciente que continue a tomar determinado medicamento, uma vez que a suspensão abrupta do remédio poderia causar dor. Além disso, obviamente, muitos pacientes estão tomando medicamentos para outras doenças, como problemas de coração, tireóide e pressão alta. É essencial que os tratamentos médicos para essas afecções também sejam seguidos. É importante também que os pacientes percebam que o meu único objetivo é fazer que eles se sintam melhor, seja por meio apenas da minha terapia ou de uma combinação com o tratamento do médico.

### Relato de Caso 2 — Sra. G

A sra. G pediu informações sobre o tratamento no dia 7 de novembro de 1986. Nós lhe enviamos o questionário padronizado, que foi devidamente preenchido e devolvido. Depois de analisá-lo, decidimos que ela não precisaria comparecer à clínica, que poderia muito bem fazer o tratamento em casa. A artrite fora diagnosticada havia cerca de três semanas. De vez em quando ela tinha enxaquecas, cãibras, formigamento e pontadas de dor. Seu peso era proporcional à altura, e ela não tinha outras doenças. Ela disse que três semanas antes sentira uma dor tão forte num dos joelhos que perdera o equilíbrio. Já havia melhorado, mas queria saber se era possível fazer um tratamento mais como "medida preventiva", e não queria começar a tomar medicamentos. Ela disse que tinha lido o meu livro *Curing Arthritis — The Drug-Free Way* e que se sentira atraída pela minha abordagem da doença. Ela tinha 61 anos de idade.

Enviamos à sra. G o tratamento padrão, que consiste na fórmula Margaret Hills e em proteína, junto com um programa de dieta abrangente e o conselho para que tomasse vinagre de maçã, mel e melaço escuro. Explicamos também os benefícios dos banhos com sais de Epsom.

Ela fez o tratamento de acordo com as instruções, enviando pedidos mensais.

No dia 25 de fevereiro de 1987, recebemos uma carta que dizia: "A artrite do meu joelho parece ter desaparecido, e há cerca de quinze dias não tenho mais pontadas. Sei que devo continuar o tratamento por mais três meses". Enviou-nos um cheque para o pedido do mês e terminou a carta dizendo: "Com meus sinceros agradecimentos pela sua ajuda e seus conselhos". No dia 23 de outubro de 1987, ela nos enviou outra carta dizendo que estava se sentindo muito bem e que não tinha mais dores nos joelhos. No dia 22 de fevereiro, telefonou para dizer que não sentia dor há mais de três meses e que gostaria de saber o que deveria fazer no futuro.

Nós a aconselhamos, da mesma forma que aconselhamos todos os outros pacientes que atingem esse estado de felicidade, a tomar um sachê da fórmula Margaret Hills em dias alternados e um comprimido de vitamina C nos dias em que não tomar o sachê. A razão para isso é que a fórmula Margaret Hills contém 500 mg de vitamina C, tão necessária à dieta diária, pois dessa forma o paciente não fica sem ela. Além disso, dissemos que ela poderia suspender a proteína, mas que fizesse uma alimentação saudável e rica em proteína, evitando o máximo possível os ácidos prejudiciais. Uma dose diária da mistura de água morna, vinagre de maçã e mel também foi recomendada para manter baixos os níveis de ácidos. Nós a parabenizamos e desejamos boa sorte.

Em fevereiro de 1989, a paciente nos escreveu o seguinte: "Pude comprovar o sucesso da fórmula Margaret Hills contra artrite e reumatismo quando visitei meu oculista. Dois anos atrás, fui ao seu consultório para renovar os meus óculos. Ele olhou para os que eu estava usando e perguntou: 'Você tem reumatismo'? Respondi: 'Engraçado você perguntar isso, porque meu joelho direito tem estado bastante dolorido, e agora o esquerdo começou a doer também'.

"Logo depois dessa consulta comecei a tomar a fórmula Margaret Hills e a proteína e a fazer a dieta, com excelentes resultados. Quando voltei ao oculista, ele olhou para a armação dos meus óculos e disse: 'Você não tem mais reumatismo'. Minha resposta foi: 'Não, não tenho, como você sabe?' Ele respondeu que o dourado das hastes da minha antiga armação estava bastante desbotado por causa do ácido sobre a pele, que avançava sob o revestimento de plástico e fazia que o metal ficasse manchado. A nova armação que eu tinha usado durante o tratamento não estava manchada. Além disso, eu não sentia mais dores." Ela terminou a carta dizendo: "Se esse testemunho for útil para vocês, por favor use-o. Minha sincera gratidão". Até hoje a paciente não tem mais nenhum sintoma de artrite.

A história da sra. G mostra que, quanto mais cedo for iniciado o tratamento correto do reumatismo, mais fácil fica controlar a doença e menor é o sofrimento. Não demorou muito para ela se livrar do ácido úrico que estava causando as dores, e agora tudo o que tem de fazer é seguir os conselhos que recebeu. Se tiver um problema, ela sabe que pode entrar em contato com a clínica por telefone ou por carta — e que receberá ajuda sempre que possível.

**Relato de Caso 3 — Sra. W**

A história da sra. W é diferente. Ela nos procurou no princípio de agosto de 1988, com 68 anos de idade. Em dezembro de 1985, fora submetida a uma cirurgia para colocação de ponte de safena. Sua circulação era bastante deficiente, por isso tomava um quarto de comprimido de aspirina por dia. O médico prescrevera um anti-hipertensivo para o problema de pressão alta. Sentia fortes dores de cabeça, cãibras, dores no pescoço, nos ombros e na base da coluna, e dormia muito pouco. Sofria de angina há seis anos e de artrite há oito ou nove anos. Suas unhas estavam cheias de protuberâncias.

Depois de analisar seu questionário, decidimos que ela não precisava comparecer à clínica. Ela poderia fazer a terapia em casa, juntamente com o tratamento médico para a pressão alta e a deficiência circulatória. No dia 26 de agosto, nós lhe escrevemos o seguinte:

Cara sra. W,
Por favor, continue a tomar o anti-hipertensivo e aspirina até que seu médico suspenda essa medicação. Por causa dos seus vários sintomas, recomendamos que a senhora tome suplementos de zinco durante três meses, junto com a fórmula Margaret Hills e a proteína. Um grande abraço. Por favor, diga-nos como está se sentindo quando enviar novo pedido.

No capítulo 4, vou falar sobre o valor do zinco e explicar por que receitamos esse metal para a maioria dos nossos pacientes.

No dia 3 de outubro, chegou a seguinte carta da sra. W:

Cara sra. Hills,
Estou tomando sua fórmula há apenas alguns dias e comecei a ter um pouco de diarréia e náusea. Fiz um pedido de comprimidos de zinco, mas ainda não recebi. Interrompi o tratamento por algum tempo, pois vou viajar para a Itália de férias entre os dias 10 e 15 de outubro e não quero me sentir mal enquanto estiver fora. Preciso de seus conselhos o mais rápido possível.

Nossa resposta à sra. W foi:

Cara sra. W,
A senhora não deve parar de tomar a fórmula e a proteína de maneira alguma — a diarréia não tem nada a ver com isso. Pode ser que a senhora esteja tomando muito melaço, embora sua dieta diga para começar com meia colher de chá e aumentar a quantidade aos poucos. Por outro lado, é bem possível que a senhora tenha contraído um verme — alguns causam diarréia e náusea. Espero que a senhora retome o tratamento e continue a seguir as nossas instruções.

A sra. W retomou o tratamento e no dia 2 de dezembro nos enviou a seguinte carta:

Cara sra. Hills,
Eu gostaria de lhe informar como está o tratamento. Meu peso está estável. Ainda sinto dor, mas de vez em quando passo o dia todo sem dor, o que não acontecia antes. Estou enviando meu terceiro pedido de suprimento de zinco, que foi recomendado no início do tratamento. Eu gostaria de saber se tenho de continuar tomando. Atenciosamente.

Aconselhamos a sra. W a suspender o zinco, mas a continuar tomando a fórmula e a proteína, sem se descuidar da dieta, dos banhos com sais de Epsom etc.

Ela levou adiante o tratamento, e no dia 27 de junho de 1989 escreveu a seguinte nota:

Cara sra. Hills,
Estou escrevendo para informar que meus sintomas de artrite estão desaparecendo e que acho que em breve estarei curada.

Ela disse também que estava tendo enjôos e queria saber se era conseqüência do tratamento. No dia 3 de julho, respondemos à sua carta, dizendo que estávamos muito felizes com a sua melhora e afirmando que nada no nosso tratamento poderia fazer que ela sentisse enjôos. Recomendamos que se o sintoma persistisse ela deveria consultar o médico.

O sintoma deve ter desaparecido, pois não tivemos mais notícias da sra. W até o dia 20 de setembro, quando ela nos escreveu a seguinte carta:

Cara sra. Hills,
Estou escrevendo para comunicar que minha artrite desapareceu. Sinto-me extremamente grata à sua ajuda — é maravilhoso ficar livre da dor depois de tantos anos. Consultei o médico sobre os enjôos, e ele receitou comprimidos antiácidos.

Respondemos da seguinte forma:

Cara sra. W,
Obrigada pela carta. Ficamos muito felizes em saber que a senhora não sente mais dores, mas não queremos que interrompa o tratamento até que não tenha mais nenhum sinal de artrite durante pelo menos três meses. De acordo com a nossa experiência, os sintomas sempre reaparecem quando as pessoas interrompem o tratamento muito cedo. Sabemos que a senhora não quer que isso aconteça e achamos que vale a pena continuar por mais três meses, para ter certeza de que o seu organismo está livre de ácidos. A senhora está fazendo o tratamento há doze meses, e quando começou tinha artrite no pescoço, nos ombros e na base da coluna. Além disso, tinha dores de cabeça, insônia e cãibras e muitas dores. Nesse período, conseguiu ficar livre das dores. Portanto, por favor não abandone o tratamento antes da hora. Um grande abraço.

A sra. W seguiu nosso conselho e, no dia 4 de dezembro de 1989, nos escreveu novamente, dizendo que continuava livre das dores e de todos os sintomas de artrite e nos lembrando de que seus três meses extras haviam expirado. Ela nos agradeceu mais uma vez e queria saber como deveria proceder no futuro. Ficamos eufóricos e respondemos da seguinte forma:

Cara sra. W,
A senhora foi bastante paciente e seguiu as nossas instruções, e estamos muito felizes que tenha se libertado das dores — essa é uma grande conquista. Continue a tomar a fórmula Margaret Hill — um sachê a cada dois dias — e as 500 mg de vitamina C, dia sim, dia não, ou seja, nos dias em que não tomar o sachê.

Se quiser, pode suspender o suplemento de proteína e o melaço escuro e também parar com os banhos com sais de Epsom, mas faça uma alimentação saudável e rica em proteínas, evitando os ácidos prejudiciais. Tome uma dose diária da mistura de vinagre de maçã e mel em meio copo de água morna. Estamos enviando um formulário novo de pedido para que a senhora possa fazer suas encomendas no futuro. Parabéns e boa sorte.

Em janeiro de 1990, a sra. W escreveu novamente, dizendo que sua artrite havia começado quando ela estava na casa dos setenta, e acrescentou: "Durante muitos anos tomei analgésicos e fiz massagens com vários tipos de óleo, sem sucesso. Eu tinha dores constantes no pescoço e nas costas. No outono de 1988, li um artigo no jornal local sobre todo o seu sofrimento e a forma como a senhora havia se curado com a sua fórmula, os suplementos de proteína e a dieta, e decidi tentar. Estou muito feliz de poder dizer que depois de quinze meses estou completamente sem dor e que serei eternamente grata por tudo o que a senhora fez por mim. Mais uma vez obrigada, e felicidades — Sra. W".

Quando leio esses relatos de casos, sinto que adquiri uma grande experiência de vida por intermédio da experiência dos meus pacientes. Aprendi que a humanidade adquire sabedoria por meio da experiência, e que isso não pode ser feito cedendo às dificuldades da vida, mas apenas superando-as. Creio que as promessas de Deus não são feitas para aqueles que sucumbem diante das batalhas da vida, mas para aqueles que as "vencem".

Tenho a impressão de que a maioria das pessoas está em busca de uma vida fácil, repleta de divertimento e sem preocupações nem sofrimentos. Mas, apesar de todos os seus anseios, elas nunca conseguem encontrar o que procuram. As pessoas que acham que podem passar incólumes pela vida, sem experiências desagradáveis, privações, percalços ou adversidades, estão procurando o pote de ouro no final do arco-íris — isso não existe. A única vida que vale a pena ser vivida é a da alma forte que superou os obstáculos. Na minha opinião, é impossível ter uma vida fácil, e se fosse possível não valeria a pena, pois o único objetivo da vida é a formação do caráter.

Sempre fico maravilhada com a força da mente e o caráter demonstrado por muitos dos meus pacientes, com o modo como eles conseguem superar os reveses e as adversidades e com o bom humor com que suportam as dores lancinantes da artrite. Tantas pessoas, sobretudo os idosos, recorrem às orações durante o sofrimento, e muitas me dizem que foi Deus que me colocou no seu caminho. Essas pessoas não podem perder, não importa quanto tempo levem para ficar livres da dor. Elas vêm à clínica alegres, confiantes e dispostas a encontrar paz de espírito e alívio para o corpo. Na minha opinião, o sucesso depende da fé em Deus, e eu me sinto privilegiada de poder ajudar tantas pessoas a superarem seus sofrimentos. Que grande privilégio — aprendi muito com isso.

**Relato de Caso 4 — Sr. F**

A história que relato a seguir é de um homem de quarenta anos de idade e com filhos pequenos, cuja esposa nos escreveu a seguinte carta no dia 11 de abril de 1988:

> Cara enfermeira Hills,
> Meu marido tem apenas quarenta anos e recentemente foi diagnosticado que ele tem artrite reumatóide. Movidos pelo desejo de obter o máximo de informações possível sobre essa doença,

compramos seu livro *Curing Arthritis — The Drug-Free Way*. Ficamos bastante animados com o que lemos e iniciamos imediatamente a sua dieta. Nós dois adotamos uma atitude mental positiva e estamos determinados a curar essa doença.

Estou alarmada, para dizer o mínimo, com a rapidez com que a artrite está tomando conta do meu marido. Ele parece ter se transformado num ancião em poucas semanas, e algumas vezes é acometido de muitas dores e um grande mal-estar. Obviamente, ele continua fazendo o seu trabalho da melhor maneira que pode (ele é corretor de imóveis). Estou esperando um bebê para o mês que vem, e nós temos um filho deficiente, portanto tenho certeza de que a senhora compreende o quanto é importante para ele recuperar a saúde.

Sei que é difícil para a senhora responder perguntas individuais, mas talvez possa apenas nos dizer se ele está prejudicando a terapia ao tomar os medicamentos prescritos para a doença. No momento ele está tomando dois comprimidos de Indometacina por dia, e dois de Co-proximal quando a dor é muito forte, geralmente de quatro a seis vezes por dia. O médico prescreveu também Salazopyrin\*, mas ele ainda não começou a tomar porque preferimos o seu tratamento sem medicamentos. Ele seguiria esse tratamento ao pé da letra. Gostaríamos imensamente de saber a sua opinião e de receber informações atualizadas sobre o assunto. Muito obrigada pela ajuda que a senhora já nos deu com o seu livro. Atenciosamente,
SF

Depois de ler essa carta, enviamos ao sr. F o questionário habitual, que ele preencheu e nos retornou. Ele disse que estava tendo problemas de insônia, que tinha muita dor e que se sentia extremamente cansado e bastante deprimido. Além disso, disse que estava tomando Indometacina e Distalgesic.

Decidimos que, por causa da Indometacina, do Distalgesic (um analgésico fortíssimo, à base de dextropropoxifeno + paracetamol) e dos sintomas de insônia, dor, cansaço e depressão, seria necessário

---

\* Sulfasalazina (no Brasil, o nome comercial é Azulfin) (N.T.).

fazer exames de sangue e de urina. Queríamos também uma dosagem de cálcio, ferro e zinco, e propusemos uma consulta para o dia 29 de abril de 1988, que eles aceitaram de imediato.

Durante a consulta, ele disse que, apesar de freqüentar assiduamente o hospital desde setembro de 1987, sua saúde estava se deteriorando rapidamente. A esposa tinha de ajudá-lo a subir as escadas, era um sacrifício mudar a marcha do carro — na verdade, tudo estava ficando difícil para ele.

O exame de urina revelou níveis altíssimos de acidez. Ele disse que tinha ido ao médico três semanas antes, porque sua garganta estava muito inflamada. O médico receitara Indometacina e Distalgesic. Antes disso, esse mesmo médico tinha receitado Naprosyn (Naproxeno) 500 mg mas sem resultados.

No exame, descobrimos que o sistema imunológico do sr. F estava bastante deficiente, pois os medicamentos podem debilitar o sistema imunológico. Para contrabalançar esse quadro, nós o aconselhamos a tomar zinco (ver capítulo 4).

A Indometacina pode causar graves efeitos colaterais, como cefaléia, tontura, ulceração e sangramento, sonolência, confusão mental, depressão, desmaios, distúrbios sangüíneos, hipertensão, hiperglicemia, visão turva, depósitos na córnea e neuropatia periférica. Nosso primeiro pensamento, portanto, foi ajudar o sr. F a reduzir gradualmente os medicamentos. Sempre fazemos isso com o auxílio de DLPA (DL fenilalanina) — um forte bloqueador natural da dor. Os efeitos e os benefícios do DLPA serão expostos no capítulo 5. Prescrevemos um tratamento de remoção de ácidos e um programa de dieta alimentar, explicando detalhadamente por que os ácidos prejudiciais haviam se acumulado no seu organismo, o que fazer com eles e o que esperar no decorrer do programa. Nós o ensinamos a reduzir e, finalmente, cortar a Indometacina, e o aconselhamos a voltar depois de dois meses para outra consulta.

Quando o sr. F chegou para a consulta, no dia 23 de junho de 1988, ele anunciou satisfeito que havia abandonado completamente a Indometacina. Ele teve alguns surtos de dor e rigidez, mas já tínhamos avisado que isso aconteceria, pois o remédio não estava mais suprimindo a dor — que agora estava sendo eliminada naturalmente do organismo. Ele disse que estava muito feliz de seguir os nossos conselhos e marcamos nova consulta para dali a três meses.

O sr. F voltou no dia 27 de setembro de 1988, e com que sorriso entrou na clínica. Ele não havia tido mais surtos de dor nesse intervalo de três meses, e tinha certeza de que estava ficando curado. Ele me entregou uma carta do médico do hospital, escrita em 1º de julho de 1988, com os seguintes dizeres:

Caro sr. F,
Com respeito à sua consulta, eu gostaria de informar que o seu hemograma está praticamente inalterado em comparação com o exame feito em março. O índice de inflamação (ESR), que em março era 71, agora é 80. Essa diferença deve-se simplesmente à mudança de laboratório e ao fato de os exames terem sido realizados em ocasiões diferentes. Saudações.

Esse índice de inflamação realmente era altíssimo. Quando foi medido, o paciente estava fazendo o nosso tratamento havia apenas dois meses, e, obviamente, ainda era muito cedo — o tempo de tratamento ainda não era suficiente para produzir efeito. Ele continuou a seguir as nossas recomendações por seis meses. Na visita seguinte, ele disse que tinha uma consulta marcada com o médico no hospital e perguntou se deveria mantê-la. Nossa resposta foi: "Sim, claro", pois qualquer exame de sangue ou radiografia naquela altura revelaria uma melhora acentuada e confirmaria que estávamos no caminho certo. O sr. F fez grandes progressos. Entretanto, imagine a nossa satisfação quando ele recebeu o resultado do exame de sangue do médico com os seguintes dizeres:

Caro sr. F,
Tenho certeza de que o senhor ficará muito satisfeito em saber que o resultado do seu ESR (índice de inflamação no sangue) agora é 3, depois de ter atingido 80. Talvez eu deva abandonar os medicamentos convencionais e tomar vinagre de maçã pelo resto da vida!

Atualmente o sr. F recebeu alta do hospital e está curado da artrite. Ele continua a fazer o tratamento Margaret Hills — sua fé foi recompensada.

Que história adorável para contar — uma vez mais o nosso tratamento havia servido de instrumento para restaurar a saúde de alguém e resgatá-lo de um grande desespero. Ninguém, a não ser o sr. F, sua esposa e sua família sabem verdadeiramente o que isso significou para a vida de todos eles. Conquistamos a confiança do nosso paciente, mas também ganhamos uma família de amigos com os quais nos preocupamos.

A história acima é apenas uma das muitas outras semelhantes que eu poderia contar. Os médicos de diversos hospitais vêem os resultados do meu tratamento. Eles vêem seus pacientes melhorarem de tal forma que não conseguem acreditar, e ficam surpresos com o fato de tudo isso ser alcançado sem o auxílio de medicamentos tão devastadores. Muitos pacientes têm medo de dizer ao médico que estão fazendo o meu tratamento, pois muitos médicos não acreditam no mais importante — que devemos tratar a pessoa como um todo, e não apenas os sintomas. Temos especialistas de ouvido, nariz e garganta, tórax — todos os tipos de especialistas. Mas cada vez mais comprovo que o que ocorre no sistema digestivo afeta diretamente o estômago, o intestino, o tórax, o ouvido, o nariz, a garganta; na verdade, todos os sistemas, incluindo, obviamente, o sistema nervoso, os músculos e as articulações. Deveríamos prestar mais atenção ao que colocamos na boca. Terapias naturais levam tempo para produzir resultados, mas no final o paciente emerge como uma pessoa feliz e saudável.

**Relato de Caso 5 — Sr. B**

O sr. B chegou para uma consulta no dia 12 de abril de 1985. Tinha 35 anos de idade, dois filhos, era proprietário de uma empreiteira e estava com muito medo de ter de abandonar o seu negócio por causa da dor no quadril direito e no polegar da mão esquerda. Além disso, tinha cotovelo de tenista.

Ele disse que alguém tinha tirado uma cópia da minha dieta para ele e que há seis meses ele a estava seguindo, mas, em vez de se

UMA SELEÇÃO DE RELATOS DE CASOS

sentir melhor, na verdade estava piorando. No exame, descobri que ele tinha uma grande carência de zinco e cálcio. Não foi nenhuma novidade, por causa dos seis meses de dieta sem as vitaminas, os minerais ou a proteína necessários para repor esses elementos, que não faziam parte da dieta, pois produzem ácido úrico no organismo.

Fizemos um exame de urina e, com exceção dos elevados níveis de ácidos, não foram constatadas outras anormalidades. A pressão arterial estava normal. Nós lhe demos a fórmula Margaret Hills e a proteína, com acréscimo de cálcio e zinco. Além disso, prescrevemos um tratamento de remoção de ácido e uma dieta isenta de ácidos e marcamos nova consulta para o dia 14 de maio de 1985.

Quando ele voltou, fizemos os exames habituais de urina e pressão arterial e verificamos os níveis de ferro, cálcio e zinco. Havia poucas alterações aparentes. Ele disse que tinha mais energia, mais força nas mãos e vinha sentindo menos dores. A dor no quadril direito estava mais branda, e o polegar, menos dolorido, e ele estava muito satisfeito com a forma como as coisas estavam indo. Foi marcada nova consulta para o dia 15 de junho.

Nessa oportunidade, ele disse ainda que estava muito feliz — tinha emagrecido, o que precisava fazer de qualquer forma, e estava se sentindo muito bem, embora tivesse sofrido um surto de cotovelo de tenista após uma pescaria. Reclamou também que as mãos e os pés estavam muito frios. O exame constatou melhora significativa dos níveis de cálcio e zinco, e decidimos que ele não precisava mais tomar esses suplementos. Nessa altura, mudamos suas consultas de mensais para trimestrais. A próxima seria no dia 10 de setembro.

Nesse estágio, ele tinha melhorado muito, mas as mãos e os pés continuavam frios. Prescrevemos, então, vitamina E extra, para estimular a circulação nessas regiões. Quando ele chegou para a consulta seguinte, em 2 janeiro de 1986, disse que havia tido um surto de artrite. Sempre esperamos isso, pois o organismo só se livra da artrite quando a inflamação não está sendo suprimida. O sr. B teve uma crise de bronquite, e o lado esquerdo do seu pescoço ficou inchado e dolorido. No exame, descobrimos que o nível de zinco estava muito baixo. Isso revelava que o seu sistema imunológico estava debilitado, e, por esse motivo, prescrevemos suplemento de zinco por mais dois meses.

No final desse período, o sr. B estava completamente livre da artrite e da deficiência de cálcio e zinco. Desde então ele tem seguido a restrição alimentar recomendada e tem levado uma vida feliz e plena.

Numa de suas últimas consultas na clínica, ele disse: "Sinto-me bem como não me sentia há anos. Na minha opinião, as únicas pessoas sadias neste país serão as que tiveram artrite e vieram em busca do seu tratamento".

## Relato de Caso 6 — Sra. B

Muitos pacientes que trato estão tomando esteróides, como a sra. B, uma mulher encantadora de 54 anos que fez sua primeira consulta na clínica no dia 21 de agosto de 1984. Ela disse que tinha sofrido um acidente de automóvel no Natal anterior e "torcido o pescoço", e que em março do ano seguinte surgiu uma dor que se disseminou na região do pescoço. Sua médica, uma clínica geral, a encaminhara para a reumatologista do hospital, que fez exames de sangue e radiografias e decidiu aplicar-lhe uma injeção de cortisona. A médica prescreveu também sete comprimidos de Prednisolona diariamente. Esses remédios fizeram pouquíssimo efeito, e em junho ela foi internada no hospital para fazer novos exames de sangue. Ela recebeu nova injeção de cortisona e comprimidos de Feldene (Piroxicam), e também fez algumas sessões de fisioterapia.

Quando chegou à clínica, precisou de ajuda para descer do carro. Tinha emagrecido bastante e sentia dores constantes. Sua pressão arterial estava alta, e as pontas dos dedos tinham uma coloração azul — revelando grande deficiência circulatória. Constatamos que o nível de cálcio estava baixíssimo. Ela disse que o marido tinha de virá-la na cama à noite, e que ficava sentada numa cadeira durante todo o dia esperando que ele chegasse do trabalho para levá-la para dormir. Para piorar ainda mais a situação, sua irmã morrera de artrite três anos antes, e ela achava que estava indo pelo mesmo caminho.

Muitas pessoas já viram um amigo, um vizinho ou um parente sofrer de artrite, e têm consciência da devastação que essa doença causou na mente e no corpo dessas pessoas. A perspectiva de passar pelo mesmo sofrimento naturalmente as assusta.

A sra. B falou sobre todos os seus temores e as suas frustrações, e o stress resultante de todos esses sentimentos, obviamente, estava contribuindo para piorar ainda mais o seu quadro.

Acredito firmemente que o tempo que passo com um paciente assim é muito bem empregado, como veremos mais adiante nesta história. Passei cerca de uma hora e meia com a sra. B, explicando por que ela tinha artrite, o que poderíamos fazer e como pretendíamos conduzir o tratamento. Sabemos que nossos pacientes são muito sensíveis e compreendemos a sua situação. Nós explicamos a eles tudo o que encontramos nos exames e como vamos tratar esses achados, e eles ficam satisfeitos em colaborar conosco para se curarem. Fazemos recomendações e fornecemos a fórmula nutricional para que possam seguir nossos conselhos, mas a parte mais importante fica a cargo dos próprios pacientes. Se eles não seguirem direitinho o programa do tratamento, vão perder tempo e dinheiro, e desperdiçar também o nosso tempo.

Por outro lado, é difícil explicar o sentimento de realização dos que seguem à risca o tratamento e ficam curados. Os pacientes fazem exames de sangue no hospital e constatam que estão livres da doença. Muitas vezes a emoção é tamanha que eles choram de alegria na clínica. Um paciente recentemente chorou só de pensar que iria parar de tomar Prednisolona e "libertar seu espírito" novamente. Obviamente, ficamos emocionados quando os pacientes recebem alta do hospital. Assim, temos mais uma história de sucesso para acrescentar à nossa lista.

Em 19 de setembro de 1985, a sra. B fez sua segunda consulta e afirmou que fizera tudo o que recomendamos, como reduzir a Prednisolona gradualmente, com o apoio do tratamento que prescrevemos. Ela disse que passou maus bocados. Isso era esperado, por causa da redução da Prednisolona. Disse também que estava fazendo hidroterapia no hospital — considero esse um excelente tratamento e sempre recomendo. Constatamos que a pressão da sra. B estava muito alta. Ela disse que se sentia um pouco confusa. O seu período de menopausa já havia acabado sete anos antes. Pedimos que continuasse o mesmo tratamento que vinha fazendo, mas acrescentamos lecitina para a pressão alta. Durante o mês seguinte, a sra. B cortou todos os medicamentos. Eu não aconselharia isso a um paciente. Sempre recomendo que reduzam os medicamentos aos poucos. Mas a sra. B disse que eles não adiantavam nada e que os efeitos colaterais, como pressão alta, confusão mental e deficiência circulatória, estavam começando a surgir. Assustada, decidiu abandonar de vez os remédios. Durante essa consulta, ela afirmou que estava levantando da cama sem auxílio, que não estava tomando nenhum medicamento e que conseguia caminhar com mais facilidade, sem dor.

A paciente apresentava falta de circulação na mão direita e nos dedos do pé direito. Além disso, estava com falta de ferro. Nós lhe receitamos ferro com vitamina C para absorvê-lo, e vitamina E para melhorar a circulação na mão e nos dedos do pé. Ela disse que tinha consulta marcada no hospital, e, quando disse ao médico que não estava tomando os medicamentos, ele não gostou e prescreveu esteróides novamente, que ela se recusou a tomar. Ela prosseguiu com o nosso tratamento e continuou a alcançar resultados, embora tenha tido alguns retrocessos (surtos).

Quando a sra. B compareceu para uma consulta no dia 11 de dezembro de 1985, ela disse que estava se sentindo muito melhor, mas que não dormia bem. Prescrevemos complexo B para os nervos e pedimos que tomasse o suplemento de proteína à noite. A deficiência de ferro havia sido corrigida, e ela começava a se sentir melhor. Disse que já conseguia virar-se na cama sem sentir dor e fazer a maior parte das coisas sozinha — estava recuperando a força nas mãos. A sra. B começou a apresentar melhoras diárias, até que, no dia 7 de maio de 1986, ela chegou para uma consulta dizendo que estava se sentindo nas nuvens. Tinha recebido alta da clínica, mas continuou a seguir todas as instruções e manteve a cota de suplementos por mais seis meses, para assegurar-se de que tudo estava bem.

Hoje, quatro anos depois, a sra. B está muito bem de saúde e realiza um trabalho bastante exigente num emprego que ela assumiu já faz algum tempo.

Cada paciente é diferente em relação a estilo de vida, emoções, medos e frustrações. Alguns estão se divorciando, outros sofreram a perda de um ente querido, outros estão tentando lidar com um filho ou uma filha rebelde, e outros, ainda, lutam com o stress e as tensões do trabalho. A lista é interminável. Cada faceta da vida dessas pessoas deve ser levada em consideração, para tentar aliviar a sua carga de stress. Elas precisam de estímulo o tempo todo, e algumas vezes até de uma bronca. A maioria precisa de muita compreensão e empatia para conseguir superar suas crises. Sempre sentimos que é uma grande honra poder ajudar outras pessoas dessa forma. Todos os pacientes precisam de tratamento individual, e ficamos radiantes quando temos notícia de que um paciente conseguiu superar mais um obstáculo.

### Relato de Caso 7 — Sr. M

No dia 20 de junho de 1988, recebemos a seguinte carta do sr. M:

Cara sra. Hills,
Desde minha consulta há dois anos, posso dizer que fui melhorando aos poucos e que hoje sou praticamente um novo homem. Faz mais de um ano e meio que parei de tomar a medicação prescrita, e desde então minha saúde teve uma melhora surpreendente.

Agora eu consigo agachar, e há meses não tenho problemas nos joelhos. Além disso, meus tornozelos não doem nem ficam inchados. Recuperei a mobilidade de todos os dedos dos pés e não sinto mais dor nas costas.

Comecei a jogar golfe nos últimos três meses, algo que achei que jamais seria capaz de fazer novamente. Por favor, a senhora pode me dizer se preciso continuar a tomar a fórmula diariamente? Obrigado por me ajudar a recuperar os movimentos sem dor, o que foi quase um milagre. Atenciosamente.

O sr. M tinha artrite em todas as articulações do corpo quando chegou à clínica, dois anos antes. Há anos ele tomava Indometacina e grande quantidade de paracetamol. Como ele disse em sua carta, em doze meses suspendera completamente o uso de Indometacina, e atualmente não precisa mais tomar paracetamol.

Em relação à sua pergunta: "Preciso continuar a tomar a fórmula e o suplemento de proteína diariamente, ou posso parar?", respondemos, como fazemos com todos os nossos pacientes que se curaram de artrite, que ele poderia parar de tomar a proteína, mas que deveria tomar um sachê de fórmula dia sim, dia não, intercalando com a vitamina C. Esse programa deve ser suficiente para manter baixo o nível de ácido, auxiliado por uma dose diária da mistura de vinagre de maçã e mel em meio copo de água morna e uma alimentação saudável e nutritiva. Chamamos esse programa de "tratamento de manutenção". Achamos que o sr. M não terá mais problemas se continuar com essa terapia.

**Relato de Caso 8 — Srta. B**

A srta. B tinha 34 anos quando respondeu ao questionário. Ela sofria de artrite havia treze meses, sentia muita dor e estava deprimida. Desde o início da doença, ela começara a ter problemas digestivos e enjôos, muitas vezes junto com flatulência e diarréia. Para o inchaço das articulações, o médico prescrevera Naproxeno. Com o remédio, o inchaço melhorou, mas ela sentia dores e fraqueza muscular.

Depois de analisar seu questionário, decidimos que ela não precisava de consulta, pois achamos que poderia obter ótimos resultados com o tratamento domiciliar.

Em 15 de agosto de 1986, nós a aconselhamos por carta a começar a reduzir o Naproxeno dentro de um mês. Achamos que os pacientes devem fazer o nosso tratamento pelo menos durante um mês para depois reduzir os medicamentos. Enviamos à srta. B a nossa dieta e as instruções para o tratamento, bem como um suprimento de fórmula nutricional e suplemento de proteína.

No dia 19 de setembro de 1986, recebemos uma pequena nota da paciente com os seguintes dizeres:

Já estou me sentindo muito melhor, e minhas dores musculares estão mais amenas. Minhas pernas estão mais fortes, e na maior parte do tempo consigo caminhar muito bem.

No dia 15 de novembro de 1986, ela escreveu:

Minha saúde está melhorando consideravelmente.

A paciente continuou a requisitar mensalmente a fórmula nutricional. De tempos em tempos, respondíamos sua carta dando-lhe os parabéns pela melhora.

O Natal veio e se foi, e no dia 17 de março de 1987 recebemos a seguinte carta:

Tenho melhorado muito ultimamente, e meus sintomas se resumem a um inchaço esporádico, principalmente nos joelhos. Meus músculos estão mais fortes. Às vezes tenho um pouco de rigidez, mas apenas quando o ar está muito úmido.

No dia 10 de julho de 1987, recebemos outra carta:

Estou fazendo o tratamento há quase um ano e obtive uma grande melhora. Agora sinto que a rigidez e o inchaço estão ligados às condições climáticas. Por exemplo, estive de férias por duas semanas em um país tropical e não tive nenhum problema, mas logo que voltei à Inglaterra o inchaço reapareceu. No clima úmido, noto que os sintomas são mais fortes. Mas há dias em que me sinto bastante "normal". Minha força muscular está voltando aos poucos.

Em 15 de outubro de 1987, chegou a seguinte carta:

Cara sra. Hills,
Eu gostaria de agradecer pelos serviços prestados por sua clínica. Fiz o tratamento durante mais de um ano e há meses não sinto dor. Os músculos dos braços e das pernas estão mais fortes, na verdade quase voltaram ao normal. Quando havia mudança de temperatura, eu tinha um leve inchaço em algumas articulações, mas agora isso acontece só de vez em quando e de forma bem branda. Fico feliz de dizer que estou me sentindo muito bem.

Eu ficaria muito grata se a senhora me enviasse algumas recomendações sobre minha dieta no futuro. Se possível, prefiro não tomar suplementos vitamínicos nem bebidas especiais. Mudei completamente a minha alimentação e como muitas frutas, verduras e legumes, e o peixe é a minha principal fonte de proteína. Espero ansiosamente por uma resposta e agradeço mais uma vez sua ajuda e seu estímulo.

Respondi da seguinte forma:

Cara srta. B,
Em sua carta você diz que tem inchaço em algumas articulações quando ocorre mudança de temperatura. Quando viajou para o exterior, não teve nenhum sinal de artrite. Isso é maravilhoso, mas o inverno está chegando, e achamos que você está querendo abandonar o tratamento um pouco cedo demais. Se ainda tem inchaço de vez em quando, é porque o seu organismo ainda tem ácido, e, se você interromper o tratamento agora, a artrite poderia voltar, e teríamos de recomeçar do zero. Por favor, continue a terapia até janeiro, e, se até lá não tiver mais sinais de artrite, nós lhe daremos novas instruções.

Na verdade, a srta. B continuou a fazer o tratamento até abril, quando nos escreveu sua última carta, que dizia o seguinte:

Cara sra. Hills,
Segui o seu conselho e continuei o tratamento durante todo o inverno. Já faz três meses e meio que não tenho mais nenhum sintoma de artrite, e me sinto muito bem. Minhas pernas e braços estão fortes novamente, e consigo caminhar grandes distâncias e até mesmo correr. Obviamente, estou muito feliz e aliviada por ter recuperado a saúde, e gostaria de receber suas recomendações sobre bons hábitos alimentares no futuro. Meus sinceros agradecimentos.

Respondemos à paciente no dia 6 de abril de 1988, dando-lhe os mesmos conselhos que damos a todos os pacientes, para continuar com o tratamento de manutenção. A srta. B não teve mais problemas.

## Relato de Caso 9 — Sra. S

No dia 13 de fevereiro de 1987, a senhora S respondeu ao nosso questionário e enviou-o de volta. Ela tinha 54 anos e estava sofrendo dos nervos. Disse que tinha arritmias cardíacas e dores de cabeça, insônia, cãibras, formigamento e muitas dores nos braços e nos dedos. Além disso, sentia-se muito cansada e deprimida. Suas unhas apresentavam várias saliências, mas nenhuma mancha branca. Apesar de ter artrite há cinco anos, não estava tomando medicamentos. Era bastante animador encontrar uma paciente que não estava tomando nenhum remédio. Achamos que ela obteria resultados mais rápidos pelo fato de não ter quaisquer efeitos colaterais para superar. Depois de analisar seu questionário, decidimos que ela deveria começar imediatamente a tomar a fórmula Margaret Hills e os suplementos de proteína. Escrevemos pedindo que, quando fizesse novo pedido, nos dissesse como estava indo o tratamento, pois, se os sintomas não tivessem desaparecido, havia muitas outras coisas que poderíamos fazer.

No dia 9 de março de 1987, recebemos uma carta da sra. S dizendo que estava se sentindo melhor consigo mesma e que havíamos lhe dado esperanças no futuro. No dia 2 de abril, recebemos uma pequena nota que dizia: "A dor e a rigidez nos braços e nas mãos melhoraram um pouco, mas alguns dias são piores do que outros. Ainda me sinto melhor comigo mesma".

Chegou outra carta no dia 4 de junho. Dessa vez ela dizia: "Estou me sentindo muito melhor — finalmente estou dormindo bem e sentindo menos dores".

Em 5 de outubro de 1987, a senhora S escreveu o seguinte:

Acho que estou cem por cento curada da artrite, e realmente me sinto ótima. Eu gostaria muito de receber suas recomendações para o futuro.

Nós lhe enviamos a mesma recomendação que damos a todos os pacientes que se curaram dessa doença terrível. Nós os cumprimentamos e compartilhamos sua alegria, desejando sorte no futuro.

## Relato de Caso 10 — Sra. B

Em 20 de fevereiro de 1987, a sra. B entrou em contato conosco. Em seu questionário, ela registrou que às vezes tinha cãibras e que não conseguia dormir por causa da dor. Estava deprimida, e suas unhas estavam cheias de saliências e manchas brancas. Além disso, tinha varizes. As primeiras pontadas da artrite tinham surgido em 1986, e ela não tomava medicamentos. Estava cerca de seis quilos acima do peso. Além do nosso tratamento padrão, elaborado para tratar as saliências das unhas (falta de cálcio) e todos os outros sintomas, prescrevemos também vitamina E para as varizes. A paciente tinha 54 anos, muito jovem na nossa opinião.

No dia 1º de junho, de 1987 a sra. B nos escreveu dizendo: "Minha dor nos quadris se transformou numa leve pontada, e agora posso deitar de lado na cama sem sentir dor".

No dia 17 de julho, recebemos a seguinte nota da paciente: "Estou muito melhor, não tenho sentido muita dor no quadril".

No dia 3 de novembro, recebemos outra nota: "Meus quadris já não doem mais, e minhas pernas estão muito melhores".

Respondemos a carta acima da seguinte forma:

Cara sra. B,
Ficamos muito felizes que a senhora não esteja sentindo dores. Por favor, continue o tratamento por mais três meses, e, se não apresentar dor nem inchaço nesse período, vamos considerá-la curada da artrite e fornecer as devidas recomendações.

A paciente continuou a enviar pedidos mensais da fórmula nutricional até o dia 15 de fevereiro de 1988, quando nos escreveu dizendo que há três meses não sentia dor. Ela queria saber o que deveria fazer.

Aconselhamos a sra. B a continuar com a dosagem de manutenção do tratamento. Ela está seguindo o nosso conselho e continua sem artrite.

## Relato de Caso 11 — Sra. F

No dia 6 de maio de 1986, a sra. F veio à clínica para uma consulta. O médico havia diagnosticado artrite no joelho esquerdo e degeneração dos quadris. Ela andava muito nervosa, não conseguia dormir e estava bastante deprimida. A dor era pior à noite, e o médico havia prescrito Naprosyn. A sra. F tinha 56 anos. Nós a aconselhamos a reduzir a dose de Naprosyn no prazo de um mês, e depois, aos poucos, suspender totalmente. Ela tentou fazer isso, mas por causa da dor demorou nove meses. No dia 7 de fevereiro de 1987, ela suspendeu completamente o medicamento, mas estava sentindo mais dores. Sua pressão arterial era boa, e ela estava dormindo muito melhor, mas tinha um pouco de anemia. Nós a aconselhamos a tomar DLPA que, entre outros benefícios, ajuda a bloquear a dor (ver a página 87). No dia 28 de abril de 1987, recebemos a seguinte carta:

> Faz quatro semanas que não sinto dor, o que é simplesmente maravilhoso. Estou ansiosa para que as quatro semanas seguintes passem logo. Graças ao seu tratamento, estou confiante de que vou melhorar cada vez mais.

A sra. F continuou a fazer progressos regulares e, no dia 8 de setembro de 1987, escreveu a seguinte carta:

> Cara sra. Margaret Hills,
> Faz dezesseis meses que estou fazendo o seu tratamento, e há três não sinto mais dor ou mal-estar. Por favor, o que devo fazer para evitar que a artrite volte? Muito obrigada.

Nós a cumprimentamos por sua conquista. É preciso muita perseverança e confiança em nós e na nossa terapia para fazer dieta e tratamento rigorosos por dezesseis meses. Achamos que uma melhora, por menor que seja, deixa a pessoa mais entusiasmada e com mais disposição para prosseguir.

No dia 14 de setembro de 1987, nós a aconselhamos a continuar o tratamento de manutenção por toda a vida. Ela não teve mais problemas.

Em 1986, a rede de televisão BBC 2 veio à clínica e entrevistou alguns dos meus pacientes. Os repórteres ficaram bastante impressionados com os resultados obtidos por eles. Uma das pacientes, a sra. A (ver abaixo), tinha evitado uma cirurgia de quadril e estava radiante ao dizer que as radiografias tiradas no hospital não revelaram artrite. Muitos outros pacientes também tinham histórias positivas para contar. Por exemplo, uma senhora curou-se de artrite em seis meses, logo depois de se aposentar.

Analisando minhas anotações, fico impressionada ao constatar que tantos pacientes retornaram ao trabalho em tempo integral — pessoas que achavam que nunca mais voltariam a trabalhar. É realmente encorajador ler o que as pessoas dizem.

Como nosso último relato de caso vai indicar, é muito importante que os pacientes sigam todas as nossas instruções, tanto durante o processo de cura quanto depois. Se eles não continuam a tomar as vitaminas e os sais minerais recomendados para controlar os ácidos, esses ácidos podem acumular-se novamente, trazendo de volta a dor. As vitaminas e os sais minerais que recomendamos às pessoas ajudam a aliviar muitos dos sintomas, até mesmo o stress.

**Relato de Caso 12 — Sra. A**

A sra. A, que participou do programa de televisão, foi uma das pacientes que interromperam o tratamento. Ela evitara a operação no quadril e ficara curada, mas três anos depois apresentou recidiva da doença.

No dia 30 de agosto de 1989, recebemos a seguinte carta:

Cara Margaret Hills,
Depois de três anos estou fazendo um novo pedido, pois acho que alguns dos velhos problemas com o quadril estão voltando. É claro que eu não gosto disso, depois de me sentir bem por tanto tempo. Espero que a senhora esteja bem e continuando a fazer o excelente trabalho de sempre. Falo do tratamento para todas as pessoas que conheço e que têm problemas de artrite, pois a senhora me ajudou muito. Inúmeras pessoas comentaram sobre o programa de televisão, e sei que muitas se beneficiaram.

A sra. A achava que o stress tinha uma grande parcela de culpa na volta da artrite.

No dia 16 de janeiro de 1990, ela escreveu dizendo: "Estou felicíssima por estar bem novamente".

O relato de caso dessa paciente não deixa dúvida de que, se os ácidos não forem controlados, por meio das vitaminas e sais minerais recomendados, eles vão se acumular, e o retorno da artrite será líquido e certo.

Em todos esses anos, muitos pacientes voltaram a me procurar com recidiva dos sintomas, mas, assim que retomavam o tratamento, ou seja, a terapia de remoção de ácidos, a dieta isenta de ácidos e as vitaminas, sais minerais e proteína, eles recuperavam mais uma vez a saúde. Essas pessoas aprenderam a lição, e não se descuidam mais. Sua experiência deixa bem claro que o nosso tratamento funciona. E, mesmo no caso de pacientes que não alcançam 100% de cura, eles afirmam que há muitos anos não se sentiam tão bem.

Temos de responder centenas de cartas de pacientes em vários estágios do tratamento. Algumas são de pessoas que receberam a notícia de que não havia nada a fazer, mas que agora estão completamente curadas. Isso nos leva ao capítulo 4 — O fator stress, em relação à artrite.

# O Fator Stress

O stress é causado por uma perspectiva negativa. A desarmonia com o organismo ou com o ambiente são fatores importantes que predispõem à artrite e a outras doenças graves. Todos nós temos consciência quando o nível de stress está aumentando em decorrência de excesso de trabalho, dificuldades financeiras, problemas conjugais e a sensação de que não estamos conseguindo lidar com os problemas cotidianos.

Certo nível de stress é benéfico, tanto mental quanto físico, pois nos mantém de pé, ativos física e mentalmente, produzindo idéias e resolvendo problemas. De outra forma, ficaríamos entediados, letárgicos, ansiosos e improdutivos. Cada pessoa lida com o stress à sua maneira. O que é estressante para uma pessoa pode representar um desafio estimulante para outra. Mas um nível elevado de stress afeta a saúde e coloca a vida em risco.

O mundo em que vivemos produz situações muito estressantes. A estrutura da vida moderna, a nova maneira de lidar com os relacionamentos, a situação financeira, as ambições, as perspectivas de emprego ou a ameaça de desemprego e até mesmo o esforço para se manter saudável e em forma são fatores que acrescentam mais pressão, pois sentimos necessidade de competir para não ficar para trás.

Os sinais de stress ficam bastante evidentes quando não conseguimos equilibrar as várias exigências que nos são feitas. Começamos a achar essas exigências insuportáveis, pois elas invadem todos os setores da nossa vida, dominam os nossos pensamentos e interferem nas nossas horas de descanso e de lazer. Os hábitos alimentares são alterados, os níveis de energia caem, e a saúde e as relações familiares e sociais são afetadas. Algumas pessoas recorrem à bebida, outras começam a fumar ou sofrem de insônia.

Nossa concentração no trabalho cai, mas ainda tentamos assumir mais compromissos para recompensar nossa ineficiência, e acabamos ficando ainda mais assoberbados.

Quanto mais preocupados ficamos, menos rendemos. O organismo produz mais adrenalina para tentar suprir as demandas por mais energia, e ao fazer isso acaba esgotando nutrientes importantes.

Se as condições estressantes continuarem por muito tempo, podem causar infarto, enxaqueca, depressão, úlcera estomacal e outros problemas graves de saúde. Devemos ficar atentos aos sinais de stress — dor de cabeça, pressão alta, insônia, dificuldade para engolir, dor no peito, problemas respiratórios, cansaço constante, impaciência, sudorese excessiva, palpitação, perda de apetite e irritabilidade.

Quando os sintomas mencionados acima se manifestam, estamos no nosso ponto mais vulnerável, e a doença se instala. Não temos energia nem recursos para combatê-la — quer se trate de artrite, câncer ou outra afecção qualquer — e sucumbimos.

Quando se sentir estressado, em pânico ou incapaz de lidar com determinada situação, a melhor coisa que você tem a fazer é ficar calmo. Pergunte a si mesmo se realmente vale a pena se preocupar tanto com esse problema e poupe a sua energia para os assuntos mais sérios. Não fique remoendo os problemas que fogem ao seu controle, e não dê abrigo a pensamentos ruins e rancores. Pense sempre de forma positiva, nunca ache que é impossível resolver uma situação.

## Deficiência de Zinco

Refletir negativamente sobre as situações estressantes esgota o sistema imunológico, pois o stress de modo geral aumenta a perda de zinco pela urina. É esse elemento que nutre o sistema imunológico, e um sistema imunológico subnutrido está longe de ser saudável. As pessoas que sofrem de osteoartrite ou artrite reumatóide invariavelmente apresentam perda de zinco, como mostra o teste que realizamos na clínica. Geralmente um período de três a quatro meses de suplementação corrige essa deficiência. Tanto o fumo como o álcool afetam de forma adversa o metabolismo de zinco, bem como as pílulas anticoncepcionais, a maioria dos medicamentos para artrite, exercício prolongado, suor excessivo e alterações hormonais.

Na minha opinião, a deficiência de zinco é proveniente de dois fatores principais — o estilo de vida moderno e a interferência na produção de alimentos. As pessoas não são iguais, e cada uma reage de modo diferente em relação aos nutrientes contidos nos alimentos. Algumas pessoas conseguem fazer um bom uso do zinco presente na alimentação, enquanto outras que consomem os mesmos tipos de alimentos apresentam carência grave. O stress aliado a uma saúde debilitada contribui sobremaneira para esgotar as reservas desse nutriente no organismo, pois quando uma pessoa está deprimida e ansiosa ela não consegue metabolizar o zinco ingerido.

A falta de zinco pode afetar o olfato e o paladar, além de causar letargia e indolência. Em situações estressantes, quando há carência desse nutriente no organismo, as respostas e as reações das pessoas são gravemente afetadas. Manchas brancas nas unhas constituem forte indicação de carência grave de zinco.

Como nos especializamos no tratamento da artrite, presumimos que os nossos pacientes estão com o sistema imunológico debilitado. Com o tempo, descobrimos que, quando administramos um bom suplemento de zinco aos pacientes, eles se curam mais rapidamente. Antigamente, por falta de experiência, não fazíamos isso.

Os medicamentos estão entre os principais responsáveis pela deficiência de zinco no organismo. Os maiores culpados são os esteróides, os diuréticos, os antiácidos (todos administrados aos pacientes artríticos), as pílulas anticoncepcionais e a terapia de reposição hormonal. Qualquer infecção aguda ou crônica pode causar grande deficiência de zinco.

Minha maior preocupação neste livro é com os portadores de artrite, mas obviamente esses pacientes também sofrem de outras afecções, e descobrimos que o zinco pode representar um benefício enorme no tratamento de depressão, erupções cutâneas, alopecia, acne, suscetibilidade a infecções e crescimento deficiente das unhas. Quando suspeitamos que algum paciente tem falta de zinco, fazemos um teste.

## Teste de Zinco

A solução do teste é feita dissolvendo-se 1 grama de sulfato de zinco heptahidratado em 1 litro de água destilada. Os pacientes colocam uma ou duas colheres de chá dessa solução na boca e esperam dez segundos para engolir. As reações variam.

1. Alguns pacientes não sentem um gosto específico, provavelmente os que têm deficiência de zinco.
2. Outros não sentem gosto imediatamente, mas depois de alguns segundos surge um leve gosto que eles descrevem como "seco", "mineral" ou "doce". Isso denota leve carência de zinco.
3. Alguns notam um gosto definido que aos poucos se intensifica — esses não têm deficiência de zinco.
4. Outros sentem um gosto forte e desagradável — esses também não têm deficiência de zinco.

A maioria dos nossos pacientes apresenta carência de zinco, e a dosagem administrada varia de paciente para paciente.

## Como tratar o sistema nervoso e minimizar o stress

Tão logo o sistema imunológico se esgota, o sistema nervoso é automaticamente afetado. O paciente fica nervoso e pode manifestar problemas de pele. Às vezes podem surgir náuseas, cãibras musculares, dormência nas mãos e neurite nos membros. Na verdade, ocorrem várias afecções indesejáveis. Os temores e as situações estressantes contribuem para agravar ainda mais o quadro do paciente, e muitas vezes quando ele procura o médico ouve que "faz parte da idade" ou "é de fundo psicológico", e é encaminhado ao psiquiatra, amiúde depois de tomar antidepressivos por meses ou até anos.

Muitos pacientes chegam à minha clínica completamente desiludidos com o diagnóstico médico. Eles têm dificuldade para reduzir e, depois de algum tempo, cortar os antidepressivos. Como ficam viciados rapidamente, sentem muito medo de suspender o seu uso. O mesmo se aplica aos ansiolíticos. Uma das minhas pacientes toma Mogadon (Nitrazepan) há quarenta anos. Embora esse medicamento não faça mais nenhum efeito, toda vez que ela tenta parar de tomar apresenta sintomas de abstinência, mesmo tentando reduzir aos poucos. A paciente em questão está sofrendo com os efeitos colaterais do remédio — ressaca acompanhada de sonolência, confusão mental e boca seca. Ela também sofre de insônia por abstinência — apesar de tomar o Mogadon, o seu sono não é reparador. Toda vez que ela tenta abandonar o medicamento não consegue dormir e fica em estado de pânico e ansiedade, mas ainda estamos tentando.

**Vitaminas do complexo B**

Consideramos o complexo B de valor inestimável no tratamento do sistema nervoso e na redução do stress. Para apresentar resultados, todas as vitaminas do complexo B devem ser tomadas na mesma proporção e ingeridas juntas, pois o fato de tomar qualquer uma das vitaminas desse complexo sozinha, como a $B_6$, pode causar deficiência de outras. As vitaminas do complexo B são excelentes para levantar o moral por causa de seus efeitos benéficos sobre o sistema nervoso e sobre a atitude mental. Essas vitaminas também ajudam o metabolismo dos carboidratos — e, conseqüentemente, o processo digestivo — e estimulam os músculos cardíacos a funcionarem normalmente. A dosagem normal é 50 mg de complexo B por dia, mas algumas pessoas podem precisar de doses mais elevadas. Ele é mais eficaz quando formulado com ácido pantotênico, que combate o stress, ácido fólico e vitamina $B_{12}$.

O fumo, o álcool, a ingestão excessiva de açúcar e os anticoncepcionais esgotam as vitaminas do complexo B do organismo. O cozimento destrói essas vitaminas dos alimentos, assim como a cafeína e os medicamentos que contêm enxofre. Existem três maneiras de os fármacos induzirem a carência de vitamina.

1. Impedindo a absorção da vitamina pelo organismo.
2. Impedindo a utilização das vitaminas.
3. Esgotando as vitaminas do organismo.

Na verdade, muitos medicamentos mais prejudicam do que ajudam o organismo. Tenho plena convicção de que as pressões da vida moderna sobre os jovens, e os nem tão jovens, sobre as crianças em idade escolar e os adultos até a faixa dos 40 anos produzem muito stress.

A aspirina é supostamente um medicamento milagroso. Não creio que exista uma casa em toda a Inglaterra que não tenha um vidro de aspirina no armário de remédios, a que todos nós recorremos ao menor sinal de resfriado. Mas poucos de nós percebem que, quanto mais tomamos esses comprimidos aparentemente inofensivos, mais vitamina C eliminamos do organismo. A aspirina também leva à deficiência de ácido fólico, que pode causar anemia e problemas digestivos e, em doses mais elevadas, úlcera ou sangramento estomacal. Todos os medicamentos têm efeitos colaterais. Depois de dizer isso, percebo que a dor da artrite é tão lancinante que muitos dos meus pacientes prefeririam ficar expostos aos efeitos colaterais desses medicamentos a conviver com a dor. Já ouvi muitos dizerem que preferiam morrer a sentir as dores intensas, e certamente também me senti assim quando tive essa doença terrível.

**Sono**

Sempre achei que uma boa noite de sono faz uma grande diferença no estado de espírito dos meus pacientes e na forma como eles se sentem no dia seguinte, e, por esse motivo, ajudá-los a dormir bem é para mim uma prioridade. Durante o sono, as funções corporais, como a respiração e os batimentos cardíacos, ficam próximas do repouso total. Sem uma quantidade de sono adequada, a máquina do corpo logo se desgastaria, afetando adversamente os processos mentais e emocionais. O modo como dormimos — a posição do corpo e a sua postura — também pode influenciar a saúde dos ossos, das articulações e dos músculos. Se reconhecermos que passamos um terço da vida deitados, perceberemos que a cama e o colchão devem ser escolhidos com muito carinho.

Com uma boa postura durante o sono, as articulações e os músculos podem recuperar-se do desgaste sofrido durante o dia. Caso contrário, esse desgaste vai continuar durante o sono e contribuir para agravar doenças como a osteoartrite. A boa postura depende da posição da coluna. A coluna é formada por uma série de ossos interligados. São essas articulações e os discos intervertebrais interpostos que sofrem danos e desgaste por causa de uma postura prejudicial.

A coluna tem uma curvatura natural. Uma flexão num local (por exemplo, para inclinar a cabeça) exige uma flexão complementar em algum outro lugar para restaurar a linha de apoio de carga. As curvaturas da coluna são importantes — elas precisam estar no seu devido lugar, quer estejamos em pé, sentados ou deitados.

Durante o sono, é essencial que as curvaturas normais da coluna recebam apoio. A dor nas costas, uma das pragas da civilização moderna, muitas vezes é causada por colchões macios que afundam com o peso do corpo. Superfícies que formam depressão não permitem que as curvaturas da coluna fiquem em equilíbrio, podendo provocar dores nas costas. Um colchão que afunda e não fornece apoio vai ditar a postura do corpo, em vez de se adaptar a ele como deveria. O melhor apoio é fornecido por uma superfície macia com uma força oposta no sentido contrário, que pode acomodar e se ajustar às mudanças de posição assumidas durante o sono. Portanto, escolha sua cama com carinho. Faça questão de que seja grande o bastante para quem for dormir nela, e de que o colchão dê apoio suficiente para a coluna.

As pessoas, em média, hoje em dia, são bem mais altas do que as do início do século, e muitas camas são curtas demais para que elas possam dormir com conforto.

A largura da cama também é importante, sobretudo das camas de casal. Cada um dos parceiros deve ter espaço suficiente para se mexer sem perturbar o outro.

A altura também deve ser levada em consideração, principalmente no caso de idosos e enfermos que têm dificuldade para deitar e levantar de uma cama alta demais ou baixa demais. Portanto, preste atenção no tamanho da cama e veja se ela se ajusta às suas necessidades.

Até mesmo a roupa de cama precisa ser escolhida com cuidado. Ela deve nos manter aquecidos e ao mesmo tempo permitir uma boa circulação de ar. Roupas de cama desnecessariamente pesadas podem causar problemas dolorosos nos pés.

Os travesseiros também são muito importantes para uma noite de sono reparador. É essencial que o travesseiro seja fino e macio e tenha largura suficiente para acomodar o ombro, de modo a desencorajar a pessoa a dormir sobre o estômago. Dormir de bruços faz pressão sobre os músculos do maxilar e irrita os músculos do pescoço — além disso, nessa posição, é preciso colocar as mãos sob o travesseiro, o que pode fazer que a pessoa acorde com formigamento, dormência ou cãibras por causa da pressão exercida sobre os nervos e vasos sangüíneos.

Na minha opinião, uma bebida morna rica em proteína ajuda a induzir uma boa noite de sono. Música relaxante também pode ajudar, e algumas pessoas gostam de ler antes de dormir. No meu caso em particular, acho que um pouco de meditação sobre os acontecimentos do dia, um pouco de reflexão sobre como corrigir qualquer erro cometido e algumas orações ajudam bastante. Acho que a melhor garantia de uma boa noite de sono é a consciência tranqüila. A vitória sobre a insônia, ou sobre qualquer condição indesejável, é obtida com muita fé, confiança e serenidade.

# Perguntas que as Pessoas Sempre Fazem

**Se o ácido úrico é a causa da artrite, por que algumas crianças nascem com níveis elevados de ácido úrico?**

Acredito que as crianças que nascem com o organismo cheio de ácido úrico tenham herdado esse traço da mãe. Uma mulher que teve doenças associadas ao excesso de ácido úrico, como enxaqueca, asma, bronquite ou reumatismo, pode facilmente passar níveis elevados de ácido úrico para o feto. O ácido úrico pode se manifestar como artrite ou reumatismo na criança.

**Você afirma que os alimentos e as bebidas que consumi ao longo dos anos são a causa da minha artrite, então por que o meu marido não sofre de artrite? Ele come o mesmo tipo de comida.**

As pessoas são diferentes. Na minha opinião, os ácidos se acumulam nas articulações e nos tecidos se a pessoa não tiver as vitaminas e os sais minerais necessários para que o organismo queime os ácidos ingeridos.

**Por quanto tempo tenho de tomar vitaminas e sais minerais?**

Como você tem tendência a acumular ácido úrico, terá de tomar certa quantidade de suplementos vitamínicos e sais minerais por toda a vida para controlar o nível de acidez do seu organismo.

**Quando vou poder reduzir a ingestão de vitaminas e sais minerais?**

Quando você não apresentar mais sinais nem sintomas de artrite, ou seja, dores, mal-estar, rigidez e inchaço, por três meses, nós a consideraremos curada. Recomendamos, então, que tome uma dose de manutenção de vitaminas e minerais.

**Qual é a dosagem de manutenção?**

A dosagem de manutenção consiste na fórmula Margaret Hills (vitaminas e sais minerais) em dias alternados, juntamente com 500 mg de vitamina C todos os dias. (A fórmula Margaret Hills contém 500 mg de vitamina C. Nos dias em que não tomar a fórmula, você deve tomar 500 mg de vitamina C.)

**Tenho de manter uma dieta rigorosa isenta de ácidos durante toda a vida?**

Não. Tomando uma colher de sobremesa de vinagre de maçã misturada num copo de água todos os dias, juntamente com a fórmula de vitaminas e sais minerais em dias alternados, você vai controlar o nível de ácido e, dessa forma, poderá retomar a alimentação normal.

**E se as dores voltarem?**

Nesse caso, você deve retomar o tratamento completo.

**Algum paciente voltou à clínica porque tornou a sentir dor?**

Ah, sim — cinco ou seis abandonaram o tratamento cedo demais e tiveram de recomeçar. Outros, depois de curados, pararam de tomar as vitaminas e os sais minerais — os ácidos acumularam-se novamente, e eles tiveram de começar tudo de novo.

## PERGUNTAS QUE AS PESSOAS SEMPRE FAZEM

**O meu médico diz que a alimentação não tem nada a ver com a artrite. O que devo dizer a ele?**

Eu diria que ele precisa ver o alívio que os meus pacientes sentem com a dieta, com a inclusão de vitaminas, dos sais minerais e de proteína. Ele mudaria de idéia logo, logo. Eu diria também que alguns médicos constataram uma melhora tão grande em seus pacientes que eles próprios começaram a se tratar conosco. Há poucos dias, um médico me escreveu dizendo que estava impressionado com a melhora que sua paciente, que sofria de grave osteoartrite, vinha apresentando desde que começou o tratamento. Esse é um exemplo das muitas cartas que recebo de médicos que endossam o tratamento.

**Que vitaminas e sais minerais compõem a fórmula Margaret Hills, e por que tenho de tomá-la?**

O sachê de vitaminas e sais minerais que você toma contém:

*Vitaminas A e D*

As vitaminas A e D auxiliam a digestão. A vitamina A pode ser bastante benéfica no tratamento de visão fraca, cegueira noturna e muitos outros transtornos dos olhos. É conhecida também como vitamina antiinfecção, pois ajuda o organismo a combater infecções respiratórias. Além disso, promove a saúde da pele, do cabelo, dos dentes e das gengivas, e é considerada excelente no tratamento de acne, pele seca e úlceras.

A vitamina D pode ser tomada junto com a vitamina A, pois ajuda na assimilação desta vitamina. Além de ser necessária para ossos e dentes fortes, ajuda no tratamento da conjuntivite e a evitar resfriados.

*Complexo B*

O complexo B é conhecido como a vitamina do "ânimo", por causa dos seus efeitos benéficos sobre o sistema nervoso e sobre a atitude mental. Ela ajuda a digestão, principalmente dos carboidratos, restaura o sono e alimenta o sistema nervoso, reduzindo a dor. Além disso, mantém os músculos e o coração funcionando adequadamente e alivia a dor pós-operatória. O fumo, o álcool e a ingestão excessiva de açúcar esgotam a vitamina B do organismo, e, quando esses fatores estão presentes, é preciso uma dosagem muito maior do que 50 mg por dia. Gestantes, lactantes e mulheres que estão tomando anticoncepcionais também precisam de uma dosagem mais elevada. As pessoas que sofrem de neurite e artrite obtêm um grande alívio quando tomam as vitaminas do complexo B.

## Vitamina C

A vitamina C é excelente na prevenção de alergias, além de ser importante para o crescimento e o reparo dos vasos sangüíneos, dentes, ossos e tecidos corporais. Ela também ajuda na absorção do ferro. Os fumantes têm uma grande necessidade de vitamina C, pois cada cigarro destrói 25 mg de vitamina C. Assim como as vitaminas A e D, a vitamina C ajuda a evitar infecções. Ela ajuda também na cicatrização de queimaduras, feridas e gengivas com sangramento. Além disso ajuda a controlar o nível de colesterol no sangue e a impedir a formação de coágulos nas veias. Obviamente, como sabemos, ela ajuda a evitar o resfriado comum. Como as frutas cítricas (principais fontes de vitamina C) são retiradas da alimentação no tratamento da artrite, é imprescindível que essa vitamina seja tomada diariamente.

## Vitamina E e Selênio

A vitamina E impede a formação de coágulos sangüíneos e dissolve os existentes, aumenta a circulação e fortalece as paredes do coração e das artérias. Acredita-se que ajuda a evitar o envelhecimento, retardando o processo de desgaste celular. Ela ajuda na cicatrização de queimaduras, úlceras e feridas, bem como na redução da pressão arterial. O ferro inorgânico, como sulfato ferroso, destrói a vitamina E do organismo, por isso os dois nunca devem ser tomados simultaneamente. É preciso que haja um intervalo de cerca de dez horas entre a ingestão de um e de outro. O ferro orgânico (por exemplo o derivado dos alimentos) não destrói a vitamina E e pode ser ingerido junto com ela.

O selênio ajuda a vitamina C, a vitamina E e a vitamina A a agirem no organismo. É importante que ele seja tomado com a vitamina E.

## Ferro

Quase todos os meus pacientes sofrem de deficiência de ferro. A dor da artrite esgota as reservas desse elemento do organismo e, obviamente, os medicamentos para artrite exercem um efeito devastador sobre o ferro do organismo. A maioria dos meus pacientes tomava Ferrograd, um ferro sintético. Alguns dizem que tomaram esse medicamento por anos, mas que ainda estão anêmicos. Acho que o ferro sintético não é absorvido pelo organismo, porque depois de alguns meses tomando o ferro orgânico natural que prescrevo, juntamente com a vitamina C, os meus pacientes parecem se recuperar da anemia — os exames de sangue confirmam isso.

## Kelp (Algas pardas)

O *Kelp*, composto de algas marinhas ricas em vitaminas e sais minerais, é um suplemento seguro e nutritivo que ajuda os nervos e os músculos a funcionarem adequadamente. Muitos dos meus pacientes sofrem com problemas de tireóide. As algas pardas têm um efeito normalizador sobre a tireóide, por causa do seu conteúdo natural de iodo. Pessoas magras podem ganhar peso com o uso de algas pardas, e pessoas obesas podem emagrecer. Além disso, elas ajudam a restaurar um sistema digestivo debilitado, melhoram o trânsito intestinal e aliviam a flatulência.

## Cálcio, Magnésio e Fósforo

O cálcio, o magnésio e o fósforo atuam juntos no tratamento da osteoporose (ossos quebradiços). Muitos dos meus pacientes sofrem com essa doença, que também afeta a pele, o cabelo, os dentes, os olhos e as unhas. Essa combinação de minerais é extremamente benéfica para essa afecção.

## 84 — COMO CURAR A ARTRITE

*Pantotenato de cálcio*

Combate infecções, ajuda a prevenir o cansaço e reduz os efeitos colaterais tóxicos dos antibióticos. A candidíase muitas vezes é um efeito colateral dos antibióticos, sobretudo quando eles são administrados sem o complexo B. O pantotenato de cálcio alimenta o sistema nervoso, acalma o paciente e promove o sono. Sem ele, as glândulas supra-renais não funcionam adequadamente.

*Alfafa*

O biólogo e escritor Frank Bouer referia-se à alfafa como o grande agente de cura. Ela ajuda a impedir a formação de coágulos sangüíneos e a combater uma variedade de problemas estomacais, como úlcera, flatulência e inapetência. Trata-se de um diurético e leve laxativo natural.

As vitaminas e os sais minerais mencionados acima fazem parte da fórmula Margaret Hills. São bem balanceados e atuam em conjunto para o bem do paciente.

### Por que tenho de tomar proteína em pó, e o que ela contém?

Todos nós precisamos de proteína diariamente para manter o organismo saudável — para reparar e substituir tecidos e células e desenvolver uma massa muscular saudável. A proteína é composta de 22 aminoácidos, dos quais oito são essenciais. Esses oito aminoácidos não podem ser fabricados pelo organismo e, portanto, devem fazer parte da alimentação.

Nem todos precisam da mesma quantidade de proteína. Se você é saudável, quanto maior for o seu porte e mais jovem você for, maior a sua necessidade. Entretanto, se você tem artrite ou qualquer outra enfermidade, as proteínas nas células do seu corpo começam a se degradar, os músculos começam a ficar fracos, seu nível de energia cai, e você começa a ficar irritado e a se sentir deprimido. Na dieta para combater a artrite, alimentos como manteiga, queijo, leite, creme de leite, carne de vaca e de porco são eliminados. Na verdade, várias fontes ricas em proteína são eliminadas e, portanto, precisam ser substituídas para que o corpo possa recuperar a saúde. Se a proteína não for reposta, os pacientes podem piorar em vez de melhorar.

Nossa proteína em pó contém os oito aminoácidos essenciais: fenilalanina, lisina, leucina, isoleucina, metionina, treonina, triptofano e valina. A histidina também é essencial para bebês e crianças. O pó também contém vitamina $B_1$, Vitamina $B_2$, cálcio, ferro e fósforo. Trata-se de uma proteína completa que contém todos os aminoácidos essenciais. Alguns deles têm propriedades especiais:

O triptofano reduz a ansiedade e a tensão, alivia a depressão, reduz a dor e induz um sono natural.

A fenilalanina promove a vitalidade e melhora a memória. Além disso, é um antidepressivo que diminui o apetite e aumenta o desejo sexual. Para ser metabolizada, ela precisa de vitamina C.

A lisina é necessária para o crescimento, para os processos de reparo do organismo e para a produção de hormônios, enzimas e anticorpos. Ela aumenta a concentração, ajuda nos problemas de fertilidade e na utilização de ácidos graxos. É importantíssima para pacientes artríticos que apresentam queda de cabelo, anemia, náusea e tontura causados pela ingestão de medicamentos não esteróides.

A metionina é um aminoácido que contém enxofre. A carência desse aminoácido pode causar retenção de líquidos nos tecidos e incapacidade de combater infecções.

Todos os aminoácidos atuam em conjunto para realizar várias funções no organismo. Os aminoácidos essenciais devem estar presentes nas proporções corretas para que os outros funcionem de forma eficaz.

Para as pessoas que não querem tomar a proteína em pó, temos aminoácidos na forma livre em comprimidos.

A proteína e os aminoácidos ajudam a promover o sono. Uma senhora de oitenta anos de idade que durante muito tempo foi minha paciente não conseguia ter uma noite de sono decente. Atualmente, quando não consegue dormir, ela levanta, prepara um *drink* de proteína e, depois de bebê-lo, dorme a noite inteira.

**Você disse que preciso reduzir a ingestão de esteróides e, mais tarde, suspendê-los de vez — por quê?**

O fato de você estar tomando esteróides há muito tempo significa que está tomando um medicamento altamente supressivo. Os esteróides suprimem a secreção de corticotrofina e podem causar atrofia das glândulas supra-renais, que às vezes persiste durante anos depois de uma terapia prolongada. Isso significa que o seu próprio sistema imunológico não conseguirá lidar com a dor causada pela redução dos esteróides sem uma boa ajuda. Quando é preciso interromper um tratamento antigo, a dose deve ser reduzida gradualmente ao longo de várias semanas ou meses. O período vai depender da dosagem e da duração da terapia. Se a terapia de esteróides for reduzida depressa demais, pode causar insuficiência aguda das glândulas supra-renais, queda da pressão arterial e até mesmo levar à morte. Os sintomas de abstinência são rinite, conjuntivite, perda de peso e nódulos doloridos e que coçam.

Os efeitos colaterais de um tratamento com esteróides a longo prazo podem ser muito perigosos.

**Quais são os efeitos colaterais de um tratamento com esteróides a longo prazo?**

Os efeitos colaterais podem ser bastante perigosos: pressão alta, retenção de sódio e de água, perda de potássio, fraqueza muscular e, algumas vezes, diabetes e osteoporose. Perturbações mentais podem ocorrer particularmente nos pacientes com história de distúrbios mentais. A úlcera péptica é uma complicação reconhecida que pode causar hemorragia ou perfuração do estômago e do duodeno.

**Você acha que minha fraqueza muscular é conseqüência dos esteróides?**

Não inteiramente. Eles podem contribuir para isso, mas de qualquer modo a artrite é uma doença que enfraquece os músculos. Obviamente, os esteróides agravam a situação.

**Quero parar de tomar esses esteróides. Além da fórmula Margaret Hills, da suplementação de proteína e da dieta, o que mais você pode fazer por mim?**

Nossos pacientes suspendem os medicamentos esteróides com a ajuda de DLPA.

**O que é DLPA?**

É um aminoácido chamado *DL* fenilalanina, uma mistura de fenilalanina sintética e natural que ajuda o organismo a resistir à dor sem o uso de medicamentos.

**O que o DLPA pode fazer por mim?**

Trata-se de um poderoso sedativo da dor, que pode ser tão forte quanto a morfina.

**Não vou ficar viciado?**

Não, ele não causa dependência. Se você sentir que não é mais necessário, pode suspender a ingestão a qualquer momento.

**Ele tem efeitos colaterais?**

Não, não tem nenhum efeito colateral — tampouco é tóxico.

**Ele vai interferir no meu tratamento médico?**

Não, ele pode ser tomado em conjunto com qualquer medicação ou terapia sem interações adversas.

**Vou sentir os benefícios imediatamente?**

Poucos pacientes obtêm alívio imediato. A maioria dos meus pacientes precisa tomar DLPA constantemente (dois comprimidos de 375 mg três vezes ao dia antes da refeição), para sentir algum alívio. Alguns precisam tomar por dois meses para formar um bloqueio contra a dor.

**Existem pessoas que não podem tomar *DLPA*?**

As gestantes não devem tomar DLPA, nem pessoas com fenilcetonúria. Pessoas com pressão alta ou cardiopatia são aconselhadas a consultar o médico antes de tomar DLPA, pois ele tende a fazer subir a pressão. Mas descobri que esse problema não ocorre se o DLPA for tomado após as refeições, e não antes.

## De tempos em tempos fico muito deprimido. Como você pode me ajudar?

Posso lhe receitar complexo B. Dois comprimidos de 50 mg pela manhã e dois à noite vão alimentar os seus nervos, e obviamente o DLPA é um excelente antidepressivo. O zinco também tem um efeito benéfico sobre a depressão.

## Como vou me sentir quando meus nervos tiverem sido alimentados?

Você não vai se sentir tão deprimido, vai dormir melhor e sentir menos dor.

## Por quanto tempo tenho de tomar todos esses comprimidos?

Isso vai depender da sua resposta ao tratamento e, obviamente, do fato de você segui-lo rigorosamente.

## Se eu tomar esses comprimidos — as vitaminas, os sais minerais e a proteína, mas não fizer a dieta, o que posso esperar?

Se você deixar de observar qualquer parte do tratamento, não irá muito longe, além de perder tempo e dinheiro. O objetivo do tratamento é eliminar a artrite totalmente, mas não conseguiremos fazer isso se você não seguir as nossas recomendações. Você precisa reduzir e, depois de algum tempo, suspender os medicamentos para artrite, tomar a nossa medicação e fazer a dieta. O paciente que faz tudo isso direitinho obtém excelentes resultados — mas os que não fazem estão desperdiçando o próprio tempo e o nosso.

## O tratamento tem uma duração fixa?

Não, um número pequeno de pacientes faz o tratamento por seis meses e se cura. Outros fazem por dois anos e meio a três. Isso varia de acordo com a gravidade da doença, com o período que já dura a doença, com o estilo de vida da pessoa e com o grau de stress envolvido, entre outras coisas.

## Todo inverno sou acometida de bronquite e tenho de tomar antibióticos. O que devo fazer?

Muitas pessoas não percebem que a bronquite que elas contraem está ligada ao ácido úrico do seu organismo, em outras palavras, à sua artrite. Se você se curar da artrite, também vai se curar da bronquite recorrente e, portanto, não vai precisar de antibióticos.

## Se eu tiver de tomar antibióticos por alguma razão, o que devo fazer?

Os antibióticos agravam a artrite, por isso, não se surpreenda se suas dores piorarem. Entretanto, se tiver de tomá-los, tome uma dosagem alta de complexo B (100 mg duas vezes ao dia) para reduzir as chances de contrair candidíase.

## Por que os antibióticos causam candidíase?

A candidíase foi discutida de forma detalhada no capítulo 2, mas, resumindo, antibióticos significam "antivida". Os antibióticos matam as bactérias benéficas no intestino e em todo o trato digestivo, desde a boca até o ânus, causando úlceras e prurido insuportável de tempos em tempos. A candidíase pode levar meses, até mesmo anos, para ser curada. Todavia, quando os antibióticos são tomados juntamente com o complexo B, o risco de contrair candidíase é menor.

## Ouvi dizer que o zinco é muito benéfico — é verdade?

Sim, o zinco é necessário para o crescimento ósseo, o desenvolvimento sexual, a produção de energia e a nutrição do sistema imunológico. Além disso, ele controla o nível de açúcar no sangue e participa do metabolismo da vitamina $B_6$ e da vitamina A. Consumo excessivo de café e níveis elevados de cobre, cálcio ou cádmio podem reduzir o nível de zinco e, como foi discutido no capítulo 4, aumentar a eliminação de zinco do organismo.

## Como sei que tenho deficiência de zinco?

Manchas brancas nas unhas constituem uma boa indicação de que o nível de zinco está baixo. Outros sintomas são inapetência, dores articulares, falta de paladar, má circulação, capacidade de cicatrização deficiente, retardo no crescimento, menstruação irregular, caspa e impotência sexual. A deficiência de zinco pode representar um dos principais fatores de artrite reumatóide, por causa do sistema imunológico debilitado em conseqüência dos medicamentos e do stress.

**Que alimentos contêm zinco?**

Germe de trigo, ovos, castanhas, semente de girassol e pão integral são boas fontes de zinco.

**Consigo repor o zinco no meu organismo ingerindo esses alimentos?**

Provavelmente você não conseguiria ingerir uma quantidade suficiente desses alimentos para suprir a sua deficiência de zinco. Por exemplo, os ovos são uma excelente fonte de zinco, mas a ingestão recomendada é de apenas três ou quatro por semana. Você precisa de um bom suplemento de zinco para obter resultados. Temos nosso próprio suplemento, que prescrevo para os meus pacientes.

**Tenho caroços nos dedos — eles vão desaparecer?**

Depois que você começar o tratamento, eles devem diminuir e, com o tempo, desaparecer.

**Você pode me explicar o que são esses caroços?**

São depósitos de ácido úrico. À medida que o seu organismo for eliminando o ácido úrico, você vai observar que eles irão diminuindo.

**Existe alguma forma de acelerar o processo?**

Sim, você pode fazer banhos de sais de Epsom (sulfato de magnésio heptahidratado) nas mãos duas ou três vezes ao dia. Durante cada banho, abra e feche os dedos de forma delicada mas firme por aproximadamente dez minutos.

**Perdi a força nas mãos. Os banhos vão ajudar a recuperá-la?**

Sim, os banhos são excelentes para recuperar a força das mãos.

**Como faço esses banhos?**

Coloque uma colher de chá de sais de Epsom numa tigela de água quente, o mais quente que puder suportar. Mantenha as mãos na água e exercite os dedos durante dez minutos. Em seguida, enxu-

PERGUNTAS QUE AS PESSOAS SEMPRE FAZEM 91

gue as mãos e envolva-as com uma toalha quente por cinco minutos para que os poros se fechem.

## O que posso fazer por meus pés — meus dedos são afetados?

A água que você usar para banhar as mãos pode ser reaquecida e usada para os pés. Mergulhe os pés e exercite os dedos por cerca de vinte minutos na água quente. Enxugue os pés e vista meias quentes. Se fizer isso duas ou três vezes por dia durante duas semanas, você vai sentir um grande alívio e ganhar mobilidade. Como os sais de Epsom são muito caros, você pode usar a solução três ou quatro vezes.

## O que os sais de Epsom fazem?

Esses sais são excelentes para retirar os ácidos dos poros da pele. Os banhos com sais de Epsom para todo o corpo recomendados no tratamento têm o mesmo efeito.

## Você pode me explicar o que são surtos, e por que os temos?

Surto é uma inflamação numa articulação, ou nas articulações, podendo ocorrer também nos músculos ou nervos. Quando ocorre nos nervos, é chamado de neurite. Um bom exemplo de surto é a formação de um furúnculo em qualquer parte do corpo. Reflita por que o furúnculo está se formando — é porque o organismo quer se livrar de um acúmulo de materiais tóxicos (ácido úrico). À medida que o furúnculo forma uma cabeça, ele fica dolorido e incômodo. A melhor forma de tratá-lo consiste na aplicação de calor úmido por meio de um emplastro de pão, emplastro de caolim ou banho quente com sais de Epsom, para que purgue. No final, o furúnculo forma uma cabeça e fura. Continuamos a estimular todos os materiais tóxicos a saírem (como pus); quando isso acontece, o organismo se cura, e nós não temos mais problemas com pus ou dor. Se o pus tivesse ficado retido no organismo, poderia ter causado um problema muito maior. O paciente poderia contrair bronquite, pneumonia, cistite e até mesmo câncer por causa dos detritos que ficaram retidos no organismo e que deveriam ter sido expulsos.

Os portadores de artrite têm um acúmulo de ácido úrico no organismo. O organismo precisa desesperadamente se livrar desse ácido e, por isso, produz inflamação. Chamamos isso de surto. Quando são administrados medicamentos para suprimir a inflamação, o ácido não pode sair. Algumas complicações graves ocorrem, que podem não se manifestar durante algum tempo. Os medicamentos não vão curar nada, e o paciente não tem esperanças de melhorar — apenas de ter suas dores aliviadas por um curto período. Como o ácido úrico continua a se acumular, a doença se agrava. O organismo tenta novamente se livrar dele, e ocorre novo surto. O médico é consultado, prescreve um medicamento mais forte e diz ao paciente que ele tem de "conviver com a artrite". São "coisas da idade" ou "desgaste natural". Muitos pacientes de trinta e nove ou quarenta anos ouvem que têm "desgaste". Aos 36 anos de idade, ouvi isso, mas aqui estou, com 65 anos, sem dor e com pouco desgaste — ridículo, não?

No entanto, com uma dieta isenta de ácidos, suplementação de vitaminas, sais minerais e proteína, tratamento de remoção de ácidos composto por vinagre, mel e melaço e banhos com sais de Epsom, o ácido vai ser eliminado naturalmente pelo organismo. Esse tratamento natural foi descrito em detalhes nos capítulos 2 e 3.

Leva muito tempo para o organismo se livrar do acúmulo de ácido, mas com esse tratamento delicado e natural o paciente se sente bem como não se sentia há anos.

Os resultados do tratamento mencionado anteriormente são muito diferentes dos obtidos com a terapia medicamentosa administrada pelos médicos. Infelizmente, muitas pessoas não têm condições financeiras para comprar suplementos de vitamina, sais minerais e proteína, e os jornais diariamente trazem declarações de médicos que protestam contra esses suplementos. Eles têm uma mente tacanha. Os médicos com quem nos tratamos, contudo, percebem os benefícios. Muitos observam os resultados desse tratamento em seus pacientes, mas se recusam a admitir isso — dizendo que provavelmente eles teriam melhorado de qualquer forma. Mas as pessoas não são bobas — elas conhecem as razões e contam para os amigos que sofrem com essa doença por que a nossa clínica ficou tão famosa.

## Mãos e pés deformados podem voltar ao normal?

Algumas vezes as deformidades são grandes demais para que as articulações voltem ao normal. Entretanto, certo grau de força e movimento geralmente é recuperado com o uso constante dos sais de Epsom, juntamente com o restante do tratamento.

## Por que você acha que tenho esse ruído constante nos ouvidos — só por que tomo Ibuprofeno?

O Ibuprofeno é um medicamento não esteróide — e pode muito bem ser responsável pelo ruído no ouvido.

## Esse medicamento tem outros efeitos colaterais?

Sim, vários, como mal-estar gastrointestinal, úlcera, sangramento, náusea e, algumas vezes, vertigem, confusão mental, hipersensibilidade (angioedema, broncoespasmo e erupções cutâneas) e, esporadicamente, edema, miocardite e problemas sangüíneos (principalmente trombocitopenia).

## Esses efeitos colaterais se aplicam a todos os medicamentos não esteróides?

Sim, e recentemente descobriu-se que a osteoporose também pode ser um efeito colateral.

## Sei que centenas de pessoas fizeram a sua terapia sem medicamentos, mas por que nem todos os portadores de artrite estão fazendo?

As dores da artrite muitas vezes são fortes demais para que os pacientes consigam pensar com clareza. Alguns vivem sozinhos e não têm energia suficiente para mudar a sua alimentação ou fazer o tratamento.

Outros sentem dor esporadicamente e não acham que seja muito grave — pois conseguem conviver com ela. Muitas vezes essas pessoas percebem que a dor não fica nesse patamar, mas piora — às vezes com muita rapidez. Então recebemos uma carta solicitando tratamento urgente.

## Em que tipo de situação a artrite se instala rapidamente?

Geralmente em situações estressantes. O stress emocional agrava a doença. Por exemplo, a perda de um cônjuge por morte ou divórcio, a perda do emprego ou um aborrecimento familiar. Existem várias situações estressantes que podem ser responsáveis.

**Quebrei o punho dois anos atrás, e desde então ele está dolorido. Agora meu médico diz que tenho artrite nesse local. O acidente causou a minha artrite?**

Não, o acidente não foi a causa direta da artrite. Muitas pessoas são levadas a acreditar nisso. O ácido úrico é o responsável pela doença. Se você não tem ácido úrico, não tem artrite. No caso do punho, quando você o quebrou ocorreu uma reação alcalina no local da lesão. Então os ácidos do seu organismo convergiram para esse ponto para neutralizar essa alcalinidade. Mas, se você não estivesse com o organismo cheio de ácido úrico, a artrite não teria se instalado nesse local nem em outro qualquer.

**Fui diagnosticado como portador de artrite há dois anos, mas há anos eu vinha sentindo dores aqui e ali. Na sua opinião, essas dores eram parte da doença?**

Tenho certeza de que eram. A artrite é uma doença insidiosa: muitas vezes ela se acumula durante anos até se manifestar.

**É possível ter artrite muscular?**

Na minha opinião, o que os médicos chamam de reumatismo muscular são depósitos de ácido úrico nos músculos.

**Minhas unhas estão cheias de saliências e se quebram facilmente. Por que isso acontece?**

Unhas salientes indicam falta de cálcio, e, nesse caso, prescrevo minha própria fórmula de cálcio.

**O que é a fórmula de cálcio?**

É uma fórmula balanceada de cálcio, magnésio e fósforo.

**Por que preciso de tudo isso?**

O cálcio funciona melhor em harmonia com outras vitaminas e sais minerais, como magnésio e fósforo. A vitamina D também é necessária — e está incluída na fórmula Margaret Hills. Essa combinação deve ter um profundo efeito sobre as suas unhas e os seus ossos.

## Em quanto tempo vou observar diferença nas minhas unhas?

Em cerca de seis semanas você vai notar que elas não se quebram com tanta facilidade. Elas ficarão mais saudáveis, e a sua pele vai melhorar.

## De que maneira minha pele vai "melhorar"?

A pele das suas mãos provavelmente está áspera. Com o tempo, você vai sentir que ela está mais lisa.

## Por que meus dedos ficam tão azuis e dormentes?

Porque a sua circulação está ruim. A vitamina E e o selênio são excelentes nessa situação. Você vai observar uma melhora definitiva nos próximos dois meses.

## A pele dos meus dedos racha no frio. O que devo fazer?

Mantenha os dedos secos e passe vitamina E e creme de geléia real. À noite, depois de passar o creme, vista luvas brancas de algodão.

## Devo fazer banhos com sais de Epsom nas mãos para a minha artrite quando meus dedos estiverem secos e rachados?

Melhor não, pois os sais de Epsom poderiam agravar o quadro.

## Existe cura para a artrite?

Ninguém pode dizer que cura uma doença. É o próprio organismo que se cura. Mas muitas, muitas pessoas, incluindo eu mesma, ficaram livres da artrite com o tratamento Margaret Hills.

## Por que os médicos não prescrevem esse tratamento?

Esse tratamento não faz parte do sistema de saúde pública, e os médicos, treinados em terapia medicamentosa e antibióticos, tendem a não acreditar nas terapias "naturais".

## O que você acha da artroplastia do quadril?

Quando a articulação do quadril está deteriorada a ponto de requerer artroplastia, acho que é uma decisão acertada. As cirurgias de quadril hoje em dia são excelentes, o paciente geralmente fica livre das dores no quadril e consegue caminhar.

Entretanto, isso não quer dizer que a artrite foi eliminada do restante do corpo. Sem o tratamento de remoção de ácido, a dieta e a suplementação de vitaminas, sais minerais e proteína, uma hora o outro lado do quadril também vai ter de ser operado. E a artrite vai migrar para todo o corpo, afetando todas as articulações e todos os músculos.

**O que você aconselha para os pacientes que se internam para serem submetidos a uma artroplastia?**

Eu os aconselho a continuarem o tratamento Margaret Hills o máximo que puderem. Dessa forma, os ácidos serão removidos do organismo e o sistema imunológico vai recuperar-se da cirurgia. Qualquer cirurgia representa um choque para o organismo, e as vitaminas B, C e E ajudam sobremaneira a compensar o choque e acelerar a recuperação.

**Pode ocorrer intoxicação por tomar vitaminas em excesso?**

Sim, por exemplo, pode-se ficar intoxicado pela ingestão excessiva de vitamina D. No entanto, não é preciso se preocupar com as vitaminas contidas na fórmula Margaret Hills. Elas são todas naturais, da melhor qualidade, bem balanceadas e facilmente absorvidas pelo organismo.

**O que acontece na osteoporose?**

A osteoporose é uma doença na qual os ossos apresentam deficiência de cálcio e ficam quebradiços. Essa afecção acomete predominantemente mulheres após a menopausa e pessoas mais velhas. Muitos idosos com osteoporose fraturam facilmente o fêmur ou o osso do braço. Quando os ossos estão quebradiços, eles levam muito tempo para se consolidar e tendem a quebrar novamente no mesmo local se o paciente sofrer nova queda. Além disso, muitas vezes o osso não tem densidade suficiente para segurar um parafuso que porventura precise ser inserido para corrigir a fratura. Essa é uma situação muito desagradável para o paciente e cria muitos problemas para o cirurgião.

**Você diz que é importante comer verduras e legumes. Por quê?**

As verduras e os legumes desempenham um papel importante na nossa alimentação. Eles suprem certos elementos que estão ausentes ou são encontrados em pequena quantidade nos cereais e nos alimentos de origem animal. De um ponto de vista nutricional, as verduras e os legumes ocupam um lugar baixo na escala de alimentos, mas apesar disso fornecem determinados elementos sem os quais a nutrição e o metabolismo seriam incompletos.

Os vegetais contêm fibras na forma de celulose, que permitem que o intestino realize uma digestão adequada dos alimentos antes de excretá-los. Sem essas fibras, as paredes musculares do intestino não têm nada a que se agarrar, e o movimento peristáltico fica fraco, causando prisão de ventre. As verduras cozidas e cruas em saladas também constituem ricas fontes de vitaminas, que desempenham a função essencial de ligar os alimentos que ingerimos à verdadeira nutrição das células e dos tecidos. As verduras evitam o escorbuto. A maior parte dos sais alcalinos de que o organismo precisa é fornecida pelas verduras e pelos legumes da nossa alimentação, e isso se aplica especialmente aos sais de potassa.

**Para que servem os sais de potassa? O que eles fazem para o organismo?**

Esses sais ajudam a manter a alcalinidade do sangue, da linfa e da urina num nível normal e, dessa forma, neutralizam a acidose. Por exemplo, a cinza da batata e do nabo contém cerca de 50% de potassa.

**Verduras e legumes engordam?**

Todos os tubérculos têm um valor calórico razoavelmente elevado. As calorias estão presentes na forma de amidos e açúcares, por exemplo, na batata, no nabo, na cenoura e na beterraba. As pessoas diabéticas ou que estão com excesso de peso devem limitar a quantidade desses alimentos. Saladas de hortaliças cruas, porém, não engordam nem um pouco. Um dos sinais de progresso na área da saúde atualmente é a demanda crescente por pratos vegetarianos. Essa demanda levou os chefes de cozinha a inventar novos métodos de preparar e servir verduras e legumes de maneira atraente. Esses alimentos devem formar uma parte considerável da nossa alimentação diária. Eles purificam o sangue, e sem a sua ajuda o funcionamento do intestino é deficiente, acarretando problemas causados pela prisão de ventre.

## Como a prisão de ventre pode causar problemas?

Na prisão de ventre as fezes ficam estagnadas no intestino, causando a formação de toxinas. Essas toxinas são absorvidas pelo sangue e têm efeitos tóxicos sobre a maior parte dos órgãos.

## Por que as verduras cruas são melhores do que as cozidas?

As verduras cozidas podem perder muitas das suas propriedades valiosas. O cozimento causa uma perda considerável de nutrientes, que passam para a água e são jogados fora, a menos que a água seja utilizada em molhos ou sopas. O melhor método é o cozimento no vapor, que reduz o desperdício ao mínimo. O hábito de acrescentar bicarbonato de sódio às verduras é condenado, pois destrói a vitamina C.

As verduras devem ser cozidas durante o menor tempo possível para preservar as preciosas vitaminas. Recomenda-se colocar verduras em ensopados, caldos e assados de forno, pois esses métodos conservam as vitaminas e o sabor dos alimentos.

## Que verduras contêm a maior quantidade de vitaminas?

As que são ingeridas cruas. Elas têm uma grande variedade de sabores e cores. O agrião e o espinafre são ricos em vitaminas, assim como todos os vegetais de folhas verdes. Existem duas variedades de agrião — de folhas cor de bronze e de folhas verdes. Ambos são muito bons para quem tem anemia. Os antigos remédios fitoterápicos empregavam agrião com sucesso para o tratamento de úlceras. Além disso, esse vegetal revelou um valor terapêutico definido em todos os tipos de afecções debilitantes, sobretudo no alívio de prisão de ventre crônica.

O espinafre fresco também é benéfico e ocupa posição de destaque entre as verduras. Ele tem um conteúdo elevado de vitaminas e sais minerais, e uma ação laxativa acentuada no organismo. O espinafre fresco é uma rica fonte de vitaminas A, B e C, enquanto a bertalha tem um pouco de vitamina D, formadora de osso. Com relação aos sais minerais, é rico em ferro, potássio, magnésio e cálcio. Trata-se de uma excelente forma de ingerir ferro. É um laxativo muito bom, conhecido na Europa continental como "vassoura do intestino". O espinafre seco também é um alimento rico, que contém boa quantidade de vitamina D. É importante incluir muitas verduras frescas na nossa alimentação diária, não apenas agrião e espinafre, mas também alface, rabanete, pepino e todas as outras verduras.

Aspargo, couve-marinha e aipo também são muito bons. O aipo pode ser servido cozido ou cru e, além de ser estimulante, alivia o mal-estar intestinal, tem ação diurética e é benéfico nas afecções reumáticas e afins.

**E as batatas? Você recomendaria a ingestão diária?**

Quase todas as pessoas pensam na batata apenas como fonte de amido, mas ela também contém vitamina C e uma grande porcentagem de nitrogênio. A parte mais nutritiva da batata é a camada logo abaixo da casca; portanto, se ela for descascada muito fundo, a melhor parte é desperdiçada. As batatas novas não precisam ser descascadas, mas simplesmente lavadas. Sua casca macia ajuda na eliminação e a camada nutritiva interna é preservada. Nem mesmo as batatas velhas precisam ser descascadas. Elas devem ser lavadas em água morna e escovadas com uma escova de cerdas duras. Esse método não vai remover a camada de proteína. Escovar as batatas e cozinhá-las com casca no vapor é um excelente método, pois a casca geralmente é macia, e assim toda a parte nutritiva é conservada.

As batatas podem muito bem substituir parte do consumo diário de pão e, se forem servidas com peixe, carne ou queijo e uma verdura, comporão uma refeição balanceada.

**Tenho diabetes. Como isso vai alterar o seu tratamento para a artrite?**

A única alteração no tratamento é que o mel e o melaço precisam ser suprimidos. O vinagre de maçã pode ser tomado com água morna ou fria sem mel, e em vez de melaço prescrevemos 500 mg de alfafa três vezes ao dia. Os resultados são os mesmos.

**O que é pressão alta?**

Muitos dos meus pacientes têm pressão arterial elevada. Nos últimos cinqüenta anos esse problema se agravou, e acho que isso é resultado direto da nossa maneira de viver. Fumo e álcool em excesso, maus hábitos alimentares e os medicamentos prescritos sobretudo para o tratamento de artrite invariavelmente elevam a pressão arterial. Obviamente, o stress também é uma causa comum de pressão alta.

A pressão alta normalmente se manifesta na meia-idade. É causada por uma obstrução gradual das artérias devido ao acúmulo de substâncias tóxicas, principalmente colesterol. As substâncias tóxicas são depositadas nas paredes das artérias por uma corrente sangüínea extremamente carregada de toxinas.

Quanto mais as artérias estiverem obstruídas por substâncias tóxicas, mais esforço o coração terá de fazer para bombear o sangue pelo corpo.

A pressão alta e a arteriosclerose (endurecimento das artérias) estão intimamente ligadas. Ambas são sinais diretos de um estilo de vida prejudicial.

Os sintomas de pressão alta são dores, ruídos na cabeça, irritação, tontura, redução da capacidade mental e do poder de concentração, falta de ar, má digestão, vários sintomas cardíacos e muitos outros. Algumas vezes os sintomas são mais graves, dependendo do estado geral de saúde do paciente e da força da pressão exercida sobre as artérias.

Todos os tratamentos eficazes para pressão alta são naturais. Os medicamentos parecem aliviar o quadro temporariamente, mas a longo prazo podem piorar as coisas, sobretudo nos pacientes artríticos. Por exemplo, alguns dos medicamentos para baixar a pressão agravam a artrite, e, embora a pressão arterial seja controlada, ocorre uma escalada da dor artrítica.

Descobri que o tratamento e a dieta que prescrevo para os meus pacientes também têm um efeito benéfico sobre a pressão arterial. Descobri também que a administração de 1500 mg de Lecitina por dia, juntamente com vitamina E (400 UI), é uma terapia muito boa. A lecitina dissolve o acúmulo de colesterol das artérias, e a vitamina E promove a saúde do coração e das artérias e melhora a circulação. A quantidade adequada de lecitina varia de acordo com a gravidade do caso.

## O que é pressão baixa?

Pressão baixa é um quadro em que o bombeamento do sangue pelo coração é fraco, como resultado direto de um organismo enfraquecido e desvitalizado. Não se trata de doença, mas de um quadro que pode ser corrigido com uma boa alimentação diária, rica em frutas, verduras e legumes frescos, além de exercícios leves realizados em locais abertos. Uma boa caminhada todos os dias é excelente, bem como sol e ar fresco sempre que possível. Todos os hábitos que irritam o organismo, como excesso de trabalho e todos os tipos de pensamentos negativos, devem ser eliminados o máximo possível. A vitamina E (400 UI) deve ser tomada diariamente junto com selênio para fortalecer o músculo cardíaco e a parede das artérias.

## O que é artrite psoriática?

Muitos dos meus pacientes sofrem de psoríase. Trata-se da forma mais renitente de problema cutâneo, e é sistêmico. Nenhum tratamento externo, na forma de cremes ou pomadas, é definitivo. A doença aparece nos cotovelos, nas regiões anteriores dos membros inferiores, no couro cabeludo e nas laterais do corpo. Algumas vezes manifesta-se no dorso das mãos, nos pés e no rosto.

Nessa afecção, partes da pele ficam vermelhas e cobertas por escamas ou crostas brilhantes, que sangram abundantemente se mais de uma camada externa da pele sofrer erosão. A parte afetada também coça bastante.

O tratamento natural para essa doença é idêntico ao da artrite. Constatei que a psoríase está intimamente ligada à artrite e ao acúmulo de ácido úrico no organismo. À medida que meus pacientes fazem o tratamento, a psoríase vai desaparecendo aos poucos até sumir completamente. Em vez de usar cremes supressivos com base de medicamentos, aconselho meus pacientes a umedecerem as placas psoriáticas com vinagre de maçã diluído, deixar secar e, em seguida, aplicar vitamina E e creme à base de geléia real. O vinagre de maçã é usado para dar à pele uma reação ácida. Para a psoríase do couro cabeludo, recomendo aos meus pacientes que lavem o cabelo com um bom xampu, enxágüem bastante e coloquem um pouco de vinagre de maçã na última enxaguada. Meia xícara de vinagre de maçã em meio litro de água morna é suficiente, sobretudo se o cabelo secar naturalmente.

## O que é espondilite?

Espondilite é a inflamação das vértebras (ou seja, artrite da coluna). Essa doença pode surgir em qualquer idade num organismo que contém excesso de ácido úrico e reage muito bem ao tratamento que damos aos outros tipos de artrite.

Trata-se de uma afecção dolorosa que leva mais tempo para curar do que a artrite da maioria das articulações do corpo, porque a coluna está envolvida na sustentação do peso.

## O que é espondilite ancilosante?

Essa doença, conhecida como coluna de bambu, é observada principalmente em homens entre vinte e quarenta anos de idade. A menos que seja tratada no início com uma boa dieta, como a da artrite, e manipulação por um bom quiroprático, pode levar à fixação completa da coluna. Até mesmo num estágio posterior, certas medidas podem ser implementadas para ajudar o paciente a lidar com a vida cotidiana e a estimular o sistema imunológico e a saúde de modo geral. O paciente deve ser orientado durante todo o tratamento por um naturopata competente.

Ao chegar no final deste livro, meu maior desejo é ter dado esperanças a muitos portadores de artrite. Acho que a esperança é um ingrediente essencial no tratamento da artrite. Outro ingrediente igualmente importante é a fé — acredite que o tratamento vai funcionar para você. Uma determinação férrea dia após dia vai proporcionar excelentes resultados. E não se esqueça de que o Grande Curador está sempre pronto a nos dar força e a nos apoiar na nossa luta diária se pedirmos a Ele.

Tome nota do endereço da clínica Margaret Hills:

1 Oaks Precinct
Caesar Road
Kenilworth
Warwickshire
CV8 1DP

COMETA GRÁFICA E EDITORA LTDA
TEL / FAX: 6162 - 8999 - 6162 - 9099